슬픔이 익다

안영희 시인의 산문집

슬픔이 익다

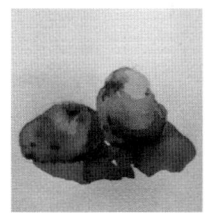

문예바다

| 차례 | 안영희 시인의 산문집 - 슬픔이 익다 |

작가의 말　　　　　　　　　　　　　　7

제 1 부
편지　　　　　　　　　　　　　　　13
선교사 마을　　　　　　　　　　　　18
세상의 모든 아침　　　　　　　　　　23
감동의 능력　　　　　　　　　　　　28
아프리카를 떠나며　　　　　　　　　34
간이역　　　　　　　　　　　　　　40
불에 대하여　　　　　　　　　　　　45
상처, 시금치 냄새　　　　　　　　　50
그 여자들, 일체유심조　　　　　　　55

제 2 부
생의 낯설게 하기, 혹은 알함브라를 찾아서　　67
그 집 앞　　　　　　　　　　　　　77
울지 않는 아이　　　　　　　　　　83
방목　　　　　　　　　　　　　　　87
오동꽃 피는 마을　　　　　　　　　93
내가 찍은 주홍 글씨　　　　　　　　97
동백꽃 현수막　　　　　　　　　　102
이생의 배역　　　　　　　　　　　107

제 3 부

저 무심한 평토	117
불 꺼진 집	125
너무 오래된 인연	128
인생, 그 기나긴 주행	133
눈보라	138
만두	143
선물	147
정금正金	153
이별에 대하여	157

제 4 부

망망 바다에 띄워 올린 자유혼- 화가 박복규	165
상형문자를 해독하다	175
슬픔이 익다	181
보이지 않는 것을 위하여	186
본질, 비본질	192
사람은 꽃보다 아름다운가	196
묵향, 어느 전생이었을까	201
눈부신 상처 반짝이는 귀향- 김리영 시집 『푸른 콩 한 줌』	206

작가의 말

더는 감추고 기다리고 저금해야 할 시간이 남아 있지 않다.

전쟁이 찢어 놓은 유년으로부터 갖가지로 뒤집히며 변천한 시대들을 살았고……, 오늘은 디지털 광속의 문명에게 파도가 칠 때마다 깨져 젖혀지고 있는 세상의 가장자리이다.

이쯤해서 그만 혁명처럼 창고들을 정리하고 저 뒤란 내 흙마당에게로, 자연에게로 마음의 이삿짐을 싸면서, 생애토록 쓰여졌던 먼지 속 산문들을 호명해 한 권의 책으로 엮는다.

때로 목울대 뜨거워져도 결코 가닿을 수 없는 '느리게'의 시절, 내 그리움의 정처들에게 늦은 편지를 띄우듯이.

젖혀져 유독 아프게 디뎌 와야 했던 내 성장사 또한 저 홀로의 개인사에 그치는 일이 아님을 이제 판독함으로, 조금치나마 내 살고 가는 시대의 증언이 되어 주기를 희망하며.

2020년 5월

안영희

제 1 부

편지

뜨거운 커피 한 잔을 들고 창가에 앉는 아침.

저어만큼 오래 꼼짝없던 포플러 잎사귀들이 바람에 몸을 내맡리고 있다. 검푸른 무거움을 털어내며 흔들리는, 나무의 저 모습이 비로소 아름답구나.

우리들 우징징한 대개의 일상같이 흐리기만 하던, 저 아래 강물의 수면도 부서지는 은박지인 양 어느새 눈부시게 다가드는 오, 또다시 가을이다.

폭염 가뭄, 홍수며 태풍…….

돌아보면 저 여름날들은 과잉이 아니면 결핍이었다. 우리들의 지난날들도 또한 그러하지 않았더냐?

다투어 부풀어 올랐던 여름의 부피를 덜어내며 나뭇잎들은 본시 가벼운 제 존재를 나부끼고, 두껍던 구름층 새털처럼 흩으면서, 하늘은 맑은 제 얼굴을 드러내고 있다.

살아온 날들보다 살아야 할 시간의 길이가 많이도 짧은, 우리들의 인생도 그런 가을역이다 사람아.

내 몸속의 짐승들 거의 빠져나가 내 피 더는 울부짖거나 포효하지 않으므로, 태풍의 기억을 갖고 있는 가을바다처럼, 내 눈빛도 꽤나 깊은 수심과 잔잔하고 맑은 수면 같아졌다고, 먼 사람아 행여 나를 만난다면, 너 그렇게 말해 줄까?

언제였던가.

겨울철이었던 것 같다. 작업실이 있는 대학의 정문 근처를 나서고 있었는데, 정문을 바라보고 꽃다발을 가슴에 안은 한 젊은 남자가 오뚝하게 서 있었다. 무더기 무더기로 밀려 나오는 여학생 떼들도 아랑곳하지 않고 그 자리에 요지부동 한 여자를 기다리고 선 그 모습이, 자꾸 나를 뒤돌아보게 했다.

찡한 감동으로 뒤돌아본 것은 기실 그 남자가 아닌, 어쩌면 지나온 내 인생의 긴 회랑이었던 게다. 나를 찾아온 저리 신념에 차고 지순하기 이를 데 없는 누군가가, 내게도 있었던가? 있었던가? 하며.

등불 꺼진 길고도 기인 회랑 돌고 돌다가, 깊은 안개 속에 한 그루 여윈 가등街燈처럼, 아슴히 선 소년을 보았다. 차마 불러내지도 못하고 전국학력대회에서 받은 꽃, 천리 기차를 태우고 와서 어둠만 칠흑인 대문 앞에다 놓고 간 너.

 일체무상주一切無常住가 지상의 삶을 관통하는 본질임을 알아 버린 내게, 사람의 관계를 두고 '영원'이라는 낱말을 발음하는 입을, 나는 이발소그림 같은 인생이네! 하고 실소하지만 열일곱 살에 내가 받은 저 짙푸른 태평양의 바닷물 색 잉크로 쓴 네 편지 속의 영원은, 서로 다른 길을 타고 이리 멀리 달려 나오도록 유일하게 용서되는 애틋한 영원인데,
 사람아, 아직 이승에서 나는 너의 안부를 알지 못한다.
 지명 따위 알지 못하는 어느 길모퉁이쯤 삶의 고속철을 타고 가다가, 떠돌이 정신 놓친 여자의 머릿단처럼 가지들 아무렇게나 헝클어진 가로수만 무성한, 아무도 가지 않은 옛길을 볼라치면 달구지가 가고, 뽀얀 먼지를 일으키며 어쩌다 버스가 지나가는, 차마 말해지지 않고 미처 피워올리지 못했던 분홍색 내출혈, 그 길 위의 가난하고 순정했던 생의 장면들이 불현듯, 버려둬서 숲을 이룬 야생화처럼 우우우 일어서 오지는 않더냐, 넌?

잿빛 머리카락을 쓸어 올리며 사람아, 그럴 때면 나처럼, 너도 쓸쓸히 웃니?

어느 날이었나 시인 안영희, 하고 워드에 내 이름을 치듯이, 내 손가락들 어쩌자고 머언 먼 너의 이름자들을 클릭하고 소스라쳤다. 인터넷은 놀랍게도 너의 과거와 현재를 사진까지 곁들어 친절하게도 일러 주고 있었으니!

풍문처럼 그 대단한 수십 년 몸 바쳤던 직업을 내던지고 인생의 이모작에 들어가 있는……. 그런데 기억하니? 바로 뒤늦게 바꿔 간 그 직업이 저 물 어린 시절 아슴히 내가 꾸었던 꿈의 구도, 붉은 지붕의 양옥집 그 볕바른 서재 속의 네 의자였다는 걸.

그리고 보니 참 그때 너는 나를 두고 무슨 꿈을 꾸었었는지 물어보지도 못한 채로, 우리들 인연의 연줄은 그다지도 성급하게 우릴 차고 허공으로 멀리멀리 날아가고 말았지.

그리 오래도록 어지러웠던 책장이, 버릴 것 다 버려지고 비로소 정리되듯이 사람아, 굽이굽이 돌아와 이제 나지막한 저 물소리의 우리도 또한, 가을이다.

비로소 제자리를 잡아 꽂히는 책장의 책처럼, 우리 서로 제자리에 들어 저 아득한 날에 쓴 우리들의 동화가 은행잎 색 따스한 등燈을 켠다면, 그 등빛을 보듬어 가슴이 조금은 따뜻해지기도 하겠지? 서로 이승의 다른 지표 쓸쓸하고 추운 골짜기에 들었을지라도, 때로는?

(한국여성문학인회 사화집)

선교사 마을

　세상의 나뭇잎들 무성하기 이를 데 없는 요즘 같은 여름날. 지난해에 앉힌, 양평 용문면에 있는 내 오두막은 경사지의 초입인데도, 숲에 싸여 쉽게 제 모습을 드러내지 않는다. 일주 혹은 한 열흘 만에 한 번쯤, 인가 없는 모퉁이를 돌아 작은 다리를 건너, 자동차의 기어를 일단으로 내리고 언덕길 채 돌아들 때마다, 그런 그와의 대면이 나를 행복하게 한다. 저 빌린 연장으로 스스로 지은 월든 호숫가 솔로의 오두막 같은, 집이라 하기엔 너무나도 작은, 데크에 그저 나뭇잎이나 두껍게 덮여 있는 한 칸 겨자색 오두막이.

　중학교 때 나는 입이 지워진 아이었다. 전쟁의 미친 회오리 속에 손 놓아 버렸던 어린 것을 상급학교에 진학할 때가 되어서야 어쩔 수 없이, 황룡강 굽이치는 물길이 삼면을 휘감아 흐르는 외진 농촌으로부터 불러올리긴 했으나, 돌아온 자리는 그나마 남의 집 시골 마을에서의 삶보다 더 심하게 내게서 말을 빼앗아 갔다. 아버지는 물론 집도 잃어버리고 변두리 남의 집 방 한 칸에 다섯 식구가 포개져야 하는 환경이었다. 한 번도 서로 터치되어 본 기억이 없는 형제들과 어머니, 머리맡에서 밤 새워 재봉틀을 돌리는 어머니는 왜 그리 차갑고 인정머리가 없냐고, 때로 나를 탓했다. 그럴 때마다 다만 입을 다물고 절망적으로 바라보던 하늘, 내 눈물을 받아 줄 것 같은 새파아란 하늘 외엔 어디도, 아무것도 위로가 없었다.

어느 날, 하학길을 같이하는 희자라는 아이가 선교사들의 마을이 있는 수피아여고 뒷산을 가 보지 않겠느냐고 했다. 걸어 걸어서 찾아간 울창하게 나무들이 우거진 선교사 마을은, 그러나 완강하게 버텨선 '출입금지' 표지판에 막혀 그만 먼지 낀 발길을 돌리려는데, 마침 바로 그 앞 빵가게로부터, 그곳이 바로 자기 집이라 나오는 희자의 친구를 마주쳐 무사히 우리는 문안으로 들 수 있었다. 잠긴 빗장을 풀어 준 수위가 있었기로.

그날의 수피아여고 뒷숲, 선교사 마을을 지금도 나는 잊지 못한다. 그리하여 행여 고향이 같은 이들을 만나면 무려 반세기 담 세상에서도 묻는다.

— 혹 아세요? 수피아 뒷숲에 가 본 일이 있어요? 지금도 그 숲에 선교사의 집들이 있어요? 있어요? 하고.

한낮이었는데도 사뭇 우람한 거목들의 서늘한 그늘로 맞는 마을은, 내겐 차마 믿기지 않는 비현실의 나라였다. 한참을 걸어 들어가 서사 숲 사이 듬성듬성 모습을 드러내는 육중하고 중후해 뵈는 오래된 이층집들. 그 어느 집에선가 청아한 음색의 피아노소리가 들리고, 채도 부신 푸른 잔디밭에 빨래가 나부낄 뿐, 사람 하나 뵈지 않았지만 어느 창으로부턴가 피아노의 높은 음 같은 맑은 웃음소리가 깨어져 나왔다.

그날 그 숲 속의 오래된 집들은, 전쟁의 뒷자리 뿌리 뽑혀 내던져진 열댓 살의 난민아이, 간신한 경사지의 목숨에겐 충격이었다. 슬픔과 동경에 차서 문밖에서 한없이 올려다본.

한 학년 위의 언니는 학교가 끝나면 곧장 신문을 돌렸고, 아무 전문지식도 없는 평범한 젊은 아낙인 엄마는, 네 아이 죽지 않게끔은 먹이고 가방을 들리기 위하여, 머리맡에서 재봉틀을 돌리거나 머리에 보따리를 이고 나갔으나, 누구나의 도시락은 언제나 내 것이 아니었고 비킬 수 없는 그 맷돌짝 같은 기막힌 현실이, 내게서 몽땅 말을 가둬 버렸으니까.

봄날 아침 저 자작나무 연초록 잎사귀처럼, 어린 새 떼처럼 지저귀어야 할, 그 철모르는 나이에.

흑갈색 지붕, 흑갈색 데크로 드는 보도의 아래쪽엔 내가 와 보지 못하는 동안에도 잔디 떼는 짙푸르게 뻗어 가고, 그 위쪽에선 내가 봄날에 엎드려 호미질하고 묻고 간 봉숭아씨앗들이 입구서부터 분홍 연분홍 꽃잎들을 피우고, 과꽃 백일홍 색색 꽃들이 나도, 나도, 순서를 줄서고 있다.

꿈에서라도 내 의사와는 상관없는 전쟁이 제멋대로 공중으로 날려 버린, 눈물 어린 꽃밭과 흰 빨래 나부끼던 채도 부신 푸른 잔디……. 어린 내 마음에 글썽이며 맺혀 오던, 그 옛날 선교사 마을의 집.

기묘사화의 미친 피비린내 뒤 조광조의 제자 조욱이 긴 강물을 따라 들판을 건너 좁은 산모퉁이 돌고 돌아, 용문의 산중에 작고 작은 세심정洗心亭을 지어 들듯이, 삭은 정자 아래 그의 세심교洗心橋를 건너 내가 산모퉁이를 돈다. 인터넷도 TV도 신문도 없는, 뒤 창문을 열어도 앞문들을 다 젖혀도 좋은, 나를 치유하는 내 작은 숲 속의 오두막을 찾아서.

세상의 모든 아침

언제부턴가 난 잠자리만 털라치면 튕겨 바깥세상으로 달려 나간다.

내 아이들이 아직 중고등학생일 무렵이었던 듯하다.
일렁대는 촛불 빛 번져 봉은사 대웅전의 창호지문이 어둠의 사위에 불그레, 저승인 듯 이승인 듯 떠 있던 새벽 4시에, 그 절의 신도인 친구를 따라 남도사찰 행 버스를 탔다. 그다음 날 새벽에 돌아온다는.
요행히 내 자리가 맨 앞좌석이었기로, 자동차가 홀로 아직 혼곤하기 이를 데 없는 어둠을 밀고 서울을 빠져나오면서부터야, 깨어나기 시작하는 창유리 밖 풍경들을 거의 놓치는 것 없이 감상할 수 있었다.

막 형상을 드러내고 있는 세상의 모습들은 놀랍게도, 어제도 그제도 작년에도 그 자리에 있었던 낯익고 때 묻은 그 익숙한 풍경들이 아니었다. 쉴 새 없이 부유하는 우윳빛 운무 풍성한 침상에서 젖은 몸을 들어 올리는 산들과, 전설 속 페르시아의 흰 실크 천인 듯 너울너울 춤추는 물안개 아래, 졸린 눈을 뜨는 호수들. 하얗게 서리 덮인 논 가운데 짚가리나 세워 두고, 고려인지 조선인지 시대미상, 몽환의 수묵화로 물러앉은 사람의 마을들이 만들어 내고 있는 그지없는 평화는, '보시기에 좋았더라—'던 바로 그 창세였다.

사십오억 년이나 써먹은, 더할 수 없이 더럽혀지고 상처 위에 셀 수도 없이 상처 더께 진 저 늙은 지구가, 밤을 거쳐 매일의 아침이면 마법처럼 순결무구의 처녀 몸으로 다시 태어나고 있음을, 단 한 차례도 궂은일 같은 건 겪어 본 적이 없다는 듯, 바라보기 차마 부신 몸을 들어 올리는 것을, 목도한 것이다.

우연한 그 가을 첫 아침의 경험은 내게는 실로 충격적인 경이였다. 신비하고도 절대한 자연의 치유력을 그때까지 나는 짐작도 못하고 살아왔었으니까. 자고 깨고 또 자고 깨도, 내 하늘 아래 계절은

털 스웨터 깊숙이 아무리 쑤셔 묻어도 얼어드는 손가락들을 어찌할 수 없었으므로.

 그 여행의 학습 때문이었을 것이다. 이후로 언제 어느 장소에 있든지, 비바람이 치고 눈이 내릴지라도, 무엇을 입었든 신었든지 간에, 자고 깨면 현관문을 차고 나가는 습관이 아예 내게 박힌 것은.

 그리고 얼마나 많은 아침들이 또한 나를 울렸었는지!

 하룻밤을 잔 낯선 시골마을에서 막 잠 깨어, 소 외양간이 있는 고샅을 지나 언덕을 내려갔을 때 이슬 세례에, 온몸으로 살아 있음을 전율하던 여름 아침의 새파란 벼 포기들! 진종일 불태울 듯 쏟아붓던 뙤약볕의 고문을 겪고서도, 생명의 환희를 구가하는 이름 없고 연약한 길섶의 앉은뱅이 풀들이며, 삽질해 묻었거나, 그 체온이며 함께한 순간들 아직 기억 속에 살아 퍼덕이는 인연 재로 뿌린 바로 그 자리서, 햇잎사귀들 흔드는 사월의 자작나무들…….

 흙과 물, 불과 바람이 곧 사람의 원료이고 사람이 또한 소우주라 했음에, 어제 동안 내가 얼마나 절뚝거렸고 주저앉고 싶었으며, 삼킬 수 없는 것들을 *끄윽~끅* 목 아래로 넘기고 왔을지라도 날이면 날마다 내가 아침에게로 나아가는 것은, 그러므로 자연스런 일이 아니겠는가?

세상이 아직 곤한 잠에 떨어져 있을 때 집 근처 야산에 오르면, 때마다 살아 있는 그 너무나 생생한 냄새에 탄성을 터트렸다. 마치 기억상실증 환자인 양, 나도.

흙과 나무 풀들이 어우러져 풍기는 깊숙한 향기가 무심한 내 폐부에 스며 오고, 미명을 밟으며 아파트단지 안의 수영장에 가는 날이면, 낮에는 감지되지 않았던 작은 새들의 청량한 지저귐과 듬성한 화단의 나무들, 그 미세한 몸 향내들이 내 영혼의 현을 내밀하게 흔들곤 했다. 그리고 그 새벽들은 내게 이르고 있었다. '아직도 여전히 새들은 노래하고, 자연은 처음 그대로 치유의 신령한 역할로 존재하고 있다.'고. 단지 보이는 것만 아는 사람들과 자동차, 도시의 난폭한 파괴음들이 눈 막고, 귀 막고, 코를 막고 있는 거라고.

그러므로 내가 이른 아침에만 집을 나서는 것은, 난행당하기 전의 순 자연— 이슬방울에 몸 씻기며 거듭 태어나는, 신비의 찰라와 조우하기 위함인 것이다.

만년설의 안데스, 장관의 히말라야가 아니어도, 바로 그때의 세상의 모든 아침은 감동이니까. 삶이 상처인 우리들의 희망이니까, 또한.

이윽고 동구로부터

오고 있네요 봉숭아 꽃물 함빡 든 해

길섶의 갖은 풀, 도랑 속 미어지게 오른

여뀌 고마리 꽃까지 고물고물한 새끼들인 양

몰라요, 품었던 독 가시 같은 것 다 몰라요

지난했던 삶 언제였느냐는 듯

전율하네요 이슬을 털며

바로 지금, 이 순간, 당신의 대사원에

한 철 좁쌀알 같은 목숨들 곁에, 나도

신도이고 싶어요, 나도 새로 태어나고 싶어요

철철 울며 엎드려서

— 졸시 「풀꽃들 곁에」 전문

감동의 능력

　제목은 생각나지 않으나 대사 한 구절로 오래도록 잊혀지지 않는 영화가 있다.
　논두렁 밭두렁 동화처럼 눈 푸르게 펼쳐진 소박하고 평화롭기 그지없는 농촌의 풍경과 그 근심 없는 시골마을만큼이나 청순하고 순정해 뵈던 뺨이 보송한 한 소녀가, 월남전으로 갈가리 찢기고 훼손된 그녀의 고향마을처럼 변하여 환락과 불신의 도시를 허우적이는데, 어느 날 오래전에 헤어졌던 한 사내를 다시 만나자 말한다.
　―당신 이후로도 많은 사내들을 만났어요. 그러나 아무도 사랑할 수 없었어요. 당신만이…… 오직 당신만이, 내게 감동을 주고 갔거든요.

우리를 울리는 건 분명 감동이고, 감동이 사랑의 절대조건임에도 기계문명의 광속을 달려가는 이 시대, 그 속도와 편리에 길들여진 사람들은 점점 감성이 말라들어 자신 앞에 놓인 감동을 인지할 능력을 상실해 가고 있다.

가을날 마침내 진홍의 햇살 빛으로 무르익어 온 사과살 베어 물면서도, 다디단 포도의 즙을 빨면서도, 혼신으로 통과해 온 그 과실들의 목 타던 갈증과 폭염, 태풍과 장마를 모른다. 계절 없이 범람하는 상품에 길들여져서, 혼신을 다한 싸움과 견딤으로 간신히 이기고 오는, 자연산 양식 한 알 앞에 숙연한 느낌을 갖는다든가, 따위 감흥이 없다.

지난 4년 동안 나는 주말농장 5평을 경작해 왔다. 내 살아온 어느 삶에도 농사의 경험을 가진 적이 없을 뿐만 아니라 너무 늦게 출발했던 도자기 작업 7년째, 벌써 1년 전에 전시관을 예약해 놓고 죽을 만큼 고독하고 힘든 작업 끝에 개인전을 열었던 그해에도, 나는 첫 새벽 흙밭으로 가는 일을 놓지 않은 농부였다. 그 우직함이 무엇으로부터 비롯됐는지 나도 곰곰 생각해 본 적이 있다. 내 손으로 키운 무공해 채소를 먹는 일도 물론 좋았지만, 정말 나를 사로잡는 것은, 그곳엔 감동이 있었기 때문이다.

사람에게 돌을 맞고, 그 피 흘림으로 해서 한 걸음도 더 세상 속으로 나아갈 수 없는 날, 나는 사람 사는 마을들을 빠져나가 산모퉁이 돌고 돌아……, 한 모퉁일 더 돌면 시립공동묘지가 있던, 그곳으로 갔다. 미명의 새벽길을 달려.

전조등을 끄고 자동차를 내려서면 억수 빗속에 엎드려 넣고 간 씨앗들이, 타는 여름날 물 한 모금 먹여 준 적 없는데도, 무슨 지순한 약속이었다고 연초록초록…… 잎사귀들 모조리 풀어 올려 다 늦게 사 오는 알량한 주인을 맞아 주는 것이었다. 환호하며.

부지런하고 성실을 다하는 이웃 주인들처럼 나는 제때제때 달려와 거름을 주고, 타는 갈증을 풀어 주는 좋은 농부와는 너무나도 거리가 먼 불량주인이었는데도, 애써 마음 바쳐도 번번이 상처로 답하는 사람과는 달리, 그 하찮은 생명들은 몇 번이고 그렇게 눈물겨운 순정으로 내게 보답하는 것이었다.

그러나 내가 허리 굽혀 밭고랑을 치고 땡볕에서 호미질을 하고, 긴 가뭄의 어느 날 쏟아져 내리는 폭우 속에서 맨발로 그것들과 하나 되어 몸 비빈 적이 없다면, 내가 미처 물을 못 준 동안 이슬이 키워 준 상추를 뜯는 새벽에 눈물 글썽이지 않았을 것이며, 열대야에 폭염 태풍까지 휩쓸었는데도 낙과되지 않고, 데이거나 썩어 들지 않고 용케 살아남아 탐스럽게 무르익은 그 뺨에 이슬 한 방울 투명 햇살 받아 빛나는 한 알 토마토 앞에서 털썩 주저앉거나, 결코 감동

따위를 선사받지 못했을 것이다.

  비록 좋은 농부는 못 되었을지라도 내 나름대로 몸을 아끼지 않고 노동을 바쳤으므로, 그곳에서 피고 자라고 나울대는 생명의 몸짓들이 다 내게는 감동이었던 것이다.

  아무 데나 널린 마트에 가서 날마다 푸성귀들을 사 먹는 일은 얼마나 쉬운가? 그 쉬움에 길들여진 삶은 깨끗하고 우아한 일일지라도, 자연물로 태어나서 때로 절로 무릎이 꿇리는 온몸이 전율하는 자연의 경이를 체험해 보지 못한 채, 그저 무심한 행인으로 한 세상을 지나가는 삶이 아니겠는가.

     서둘러
     호미를 들고 들린 뿌리들 감싸려니
     내 가슴팍 디뎌 오네
     흙속에 묻지 못하고 세상을 건너던
     피 엉긴 발들

     백로 즈음
     이슬이 키워 준 상추를 뜯는데
     안아도 돌아서도 갈앉을 줄 모르던

사람의 황톳물이

눈물의 순도네

안개가 장엄미사를 집전하고 있네

— 졸시 「안개사원」의 일부

오래전 몽골여행 때의 일이다.

그 나라의 수도 울란바토르의 번화가를 차창으로 구경하며 천천히 버스에 실려 지나고 있는데, 유독 괴이한 풍경이 있었다.

러시아의 간판들 즐비하게 내걸린 번화가 인도 위에 작은 책상 하나, 그 위에 달랑 올려놓은 전화기 한 대를 오뚝이처럼 지키며 앉아 있는 한 사내의 풍경이었다. 그것이 울란바토르의 공중전화상이었다.

가려 주는 지붕도 벽도 유리문 한 장 달려 있지 않은 벌건 대로변 인파 속에 노출된 채, 돈을 놓고 통화를 하지 않으면 안 되는 사람의 마음은, 그들의 일은 얼마나 간절하고 절실한 것일까를 그때 생각했었다. 그리고 보니 담벼락이 벌겋게 까지다 무너지고 쓰레기가 휘날리는 그 가난한 나라 거리 어디에서도, 마주 서서 한참씩이나 서로 눈을 맞추고 정담을 나누는 사뭇 정겨운 연인들의 장면이 자주 눈에 띄었다. 우리가 잃어버린 그 무엇이 그곳에 살고 있음이, 불현듯 마음을 쳤다.

거실에도 안방에도 부엌, 주머니 속에도 우리는 전화기를 소유했는데, 갖은 편리를 다 지녔으므로 그 간절함이 없다. 그리움이 애틋하게 감빛으로 익어 마침내 기쁨으로 바라보고 선 연인들의 풍경을, 우리의 거리 어디에서도 만나 볼 수가 없다.

손닿는 데마다 소통수단을 지녔기로 시도 때도 없이 온통 통화 중인, 아 정말 우리나라는 살기 좋은 나라인가?

전철 안, 병원 대기실, 찻집, 산사 그 어디에서도 우리는 쉴 수가 없지 않은가? 지하철을 내린 어두워지는 저녁 귀로의 건널목에서조차 하늘 한 번 올려다보며 마음이 고즈넉해지는 존재의 자유조차 누릴 수가 없다. 자동차와 호객의 상혼들이 내지르는 스피커소리, 서로 나 왔어! 나 다 왔어! 질러 대는 소락데기들 때문에 쉴 길 없는 머리가 터질 듯이 고문을 당한다.

기다리고 참을 필요가 없는 결핍이 없는 세상은, 지하저장고에서 오랜 시간 포도주가 홀로 익듯, 간절하게 익어 가는 것, 애타게 그리워하는 것이 없으므로, 감동이 없다.

아프리카를 떠나며

그녀 인생의 모든 창을 다 열어 젖혀 준 운명의 연인을 사자들의 언덕에 묻고도, 무려 10년도 넘게 저 아프리카의 강렬한 원색들만큼이나 진하고 격렬한 삶을 살았으면서도, 일흔일곱으로 생을 마감할 때까지 다시는 이 땅을 밟지 않았다는 〈아웃 오브 아프리카 Out of Africa〉의 저자 카렌 브릭슨처럼, 나도 이 땅에 다시는 돌아오지 못하리라.

사바나로부터 돌아와 나이로비의 사파리호텔에서 하룻밤을 자고, 그새 우리의 사파리 여행의 안내자였던 캄바족의 운전사 몰롤로를 앞세워 세계에서도 맛이 가장 뛰어나다는 블루마운틴 커피를 사서 여행가방 바닥에다 쟁이는 것으로 오늘 케냐를 마감하고 있다. 이 커피를 마시는 동안 나는 아프리카를 기억할 것이고, 흡사 다른 별에 내린 듯 믿어지지 않던 낯선 세계의 체험을 숨 막혀 오는 도시의 사막에서 내밀히 꿈꾸며 때로 산책할 수 있기를, 또한 희망하며.

녹슨 커피제조기와 정원수들만 귀기스럽도록 가지를 뻗친 카렌 브릭슨 박물관을 다녀 나오는 나이로비 근방의 아침 꽃 잎사귀들은 유독 큰 몸짓으로 너울치고 색들은 또 왜 그다지도 치명적인지. 선홍 자홍 청보라 오렌지……, 그것들은 모두 아침이슬에 함뿍 젖어 있었다.

그러나 내가 돌연히 말을 잃은 것이 비단 이국하고도 처음 디딘 경이의 땅, 아프리카의 진한 꽃색들 탓만은 아니리라.

어느 날…… 그리고 영영, 사바나로부터 돌아오지 않은 무려 백여 년 전의 한 사내.

자유가 무엇인지를 알고 있었으며 그들의 땅을 빼앗아 식민지를 만들었을 뿐 아니라, 본래의 주인들을 총칼로 압제하고 채찍으로 다스려 노예로 부리던 파렴치의 시대에, 그들이 결코 글자를 아는 백인들보다 열등하지 않다는 것을 헤아릴 줄 알았던 데니스 휜치해튼.

그 남자는 도자기와 크리스털을 가지고 남작 부인이 되려 덴마크로부터 흰옷을 입고 온 카렌 브릭슨만을 저 뜨거운 생명력 솟구치는 야성의 아프리카에 안내해 준 것이 아니었다. 가도 가도 광막한 사바나고원 사이, 문득 수백만 마리 홍학 떼 찬연히, 분홍빛 생명의 찬가로 날아오르는 나꾸루 호수와, 눈이 멀듯한 순백의 만년설 킬리만자로 위에서, 경비행기 앞뒤 공중 창으로, 힘차게 그들이 두 손 뻗어 마주 잡을 때에, 나도 그 벅찬 신세계에 전율했으며, 그 영화로 해 내 가슴은 아프리카에 대한 한 그루 그리움의 나무를 키워 온 오래된 비밀의 정원이었으니까.

그런데 그 사람을 보내고도 카렌 브릭슨은 덴마크에 돌아가서 아름다운 모습 노파가 되도록 살면서도 한 번도 아프리카에, 다시는 아프리카에 돌아온 적이 없다고 했다. 설명문이 붙은 그 사진 앞에 섰을 때, 뭔가 울컥 역해지던 느낌이라니.

영혼에 문신을 새기고 간 사랑일지라도, 무릇 사랑이란 그리도 덧없는 것이더란 말인가!

그런 다음에도 끝나지 않고 이어지는 생의 잔인성, 산다는 것의 냉혹한 리얼리티가 나를 후려쳤던 것이리라.

아 그러나, 그럼에도 그건 감상이리라.

꽃이 지고 난 후로도 장미나무는 무심하게 잎사귀만으로, 앙상한 가시나무로 오래오래 살다 가는 것. 하물며 그녀는 마침내 세계인들의 가슴속에 그들 사랑의 씨앗을 민들레 꽃씨처럼 휘휘 휘, 뿌리지 않았던가. 세기를 넘어서도록.

그녀의 아름다운 사람을 내 연인으로, 그들 사랑의 무대였던 생경한 미지 동아프리카를 세기를 넘어 문명에 지친 현대인들에게까지 뜨거운 메시지로 남겨, 이렇듯 멀고도 먼 나라로부터 기어이 나를 불러들였으니까.

아프리카 니공 언덕마루에 나는 농장을 가지고 있지는 않으나, 감동을 뜨거이 마주 잡아 하나를 이룰 다른 한 사람을 갖지는 못했으나 77세쯤 되어 내가 죽었을 때, 주름진 내 사진 앞에서 단지 주름살만을 세지 않도록, 써야 하리라 나도.

이윽고는 고갤 끄덕이며 돌아서 가는, 먼 훗날의 또 다른 나를 위하여.

    아프리카 니공 언덕에
    나는 농장을 가지고 있었지*

울어 버린 내 마음밭에 수수십 년 그리움의 씨앗을 품게 한
〈아웃 오브 아프리카〉

나를 두고, 나를 저 언덕마루에 밀어 올려놓고
그 강물 다 흘러가 버린 후에야 묻는가 내 생애 사랑의 행방을
흑백사진 속에서 열정 빛나는 눈빛 들어

멎어 버린 벽시계, 광활의 사바나에 퍼져 가던
모차르트 클라리넷 협주곡 2악장 옛사랑의 축음기

황혼이면 금빛 풀잎을 탄주하는
또 하나의 아프리카, 데니슨 휜치해튼**을 사자들의 언덕에 묻어놓고 돌아가서
돌아오지 않은, 다시는 돌아오지 않은 그 여자 대신

어인 일로 내가 와서
건드리면 주저앉아 버릴 듯 정원의 삭은 벤치네
세기의 이다음 아침나절에
그 여자, 카렌 브릭슨의 집에서

— 졸시 「금빛 풀잎을 탄주하는 남자」 전문

*영화 〈아웃 오브 아프리카〉의 내레이션.
**카렌 브릭슨의 자전소설 〈아웃 오브 아프리카〉의 남자주인공으로, 경비행기가 추락하여 사바나에서 죽었음.

간이역

꽤 괜찮은 운전 실력을 갖고 있으면서도 원거리 여행을 할라치면 나는 으레 기차를 탄다. 높은 가드레일 쳐진, 아무리 달려도 변화라고는 없는 기능 위주뿐의 고속도로 그 무미건조함이 무엇보다도 싫어서.

산야 굽이돌고 휘어지며 차창 밖으로 자잔하게 펼쳐지는 풍경들은 잊고 있었으나 지나온 어떤 시간들과 맞물린 오래된 것들이어서, 곧잘 잠 깊은 내 정서들을 불러일으켜 준다.

고속열차 휙휙 멎지 않고 지나칠 때, 곳곳에 엉긴 추억들이야 길섶의 이름도 알 수 없는 무력한 풀잎들이지만 석불, 구둔, 만종 혹은 노령, 안평, 임곡, 하는 낡은 현판의 간이역들은 온전히 그 얼굴다 읽지도 못했는데도, 왜 항상 내 안의 잠든 환부들을 건드리고 가는지?

퇴락한 역사의 배경이 저 혼자 춤사위 흐드러진 억새밭 들녘이거나, 상처 없는 시절로 가닿을 듯한 오솔길과, 어둑실한 추억의 지등紙燈 같은 감자꽃 만개한 저녁 답인 탓만은 아닐 게다.

지금은 속력에 태워져 정신없이 뭉개지는 현판들이나 읽고 가지만, 지난 어느 시절인가에는 뙤약볕 광장에서 긴긴 줄을 서고 가락국수를 사 먹으며, 완행열차에 실려서 밤을 새워 가고 또 갔던 우리들의 고향, 혹은 첫사랑은 아니었던가. 그 개찰구 밀고 나가면, 아무도 가지 않는 다리를 건너서 가면, 우리가 두고 떠난 우리의 이슬 묻은 아침나절이, 저 혼자 옛 마을에서 놀고 있지는 않을까?

수습기간을 마감한 아이는 첫 기자생활을 K시에서 출발하게 되었다. 그가 발령 받은 K시는 아이와는 무관한, 내 출생지였다. 벌써 아무런 연고자도 없었으므로 그에게 숙소를 마련해 주기 위하여, 어디도 다 낯이 선 거리들을 이리저리 더듬고 있었다.

눈이 내릴 듯 을씨년스런 그해 겨울날. 긴 돌담이 이어지던 걸로 봐 법원 근처였을까? 어느 골목에선가 나는 읽었다. 너무나도 익은 한 이름을.

─ㅁㅁㅁ변호사 사무실

  신축건물 이층의 간판 올려다보며 망연히, 나는 그 자리에 서 있었다.

  얼마쯤이었을까 건물로부터 한 남자가 나오고 있었다. 차를 향해 다가가다가 갑자기 동작이 멎어 버린 사람.

  봄방학의 용진산엔 진달래가 한창이었고, 퇴락한 먹기와 재각 마당에는 뚝 뚝뚝…… 동백꽃 송이들이 지고 있었다.

  함께 온 친구랑 화구를 챙겨 돌아가는 보리밭 푸른 이랑 사이에서 들었다. 돌연 덮치는 파도 같은, 폭포 같은,

네 친구에게 내 말 전해 주~게

내 항상 그를 생각함으로써

내 맘의 평~화 다 잃어버리는 것을…….

  돌연 등 뒤로 밀물 쳐 오는 열창을.

  그래도 내처 한참을 더 멀어진 후에서야 돌아다보니, 멀리 외딴 그의 집이 있는 저수지 둑 위 나부끼는 풀잎바람 사이에, 그는 서 있었다. 유난히 입술이 붉던 소년은, 내 나이 열여덟 살 때.

짧은 안부 그리고……, 차 한 잔.

그런 다음 서로의 일정에 쫓겨 헤어져 오다가 아득한 그 옛날처럼, 모퉁이 꺾어 들면서야 얼핏 뒤돌아보니, 아직도 그 자리에 서 있었다 그 사람이. 잿빛으로 센 머리카락들을 이고서.

기차는 수도 없이 지나가지만 그 역은 그냥 지나치는 역이다*

그 빛바랜 현판이
뒷모습 모퉁일 돌아 사라질 때까지
바라보고 있었다 물끄러미

덧없이 세어 버린 우리들의 옛사랑
잿빛으로 이고

한나절 내내 긴 줄을 서고
밤 새워 완행열차를 타고 너에게로 가던,
그런 때가 있었다

너의 이름이 우주 속에 단 한 점,

나의 목적지인 적이 있었다

아직도 그 길목에는 추억을 흔드는

여윈 손의 억새꽃

아직도 새빨갛게 젖어 있는 그 상처 빛 황토밭

밤마다 꿈으로 갔으되 가지 못한

너,

복숭아꽃 살구꽃 유년의 산마을처럼

허물어져 가고 있었다

달리는 차창 밖에서

— 졸시 「간이역」 전문

*조간신문 기사 중 한 구절

불에 대하여

 서인도의 광대한 사막, 그 모랫빛 노란 흙돌로 지은 환상적인 호텔에서 하룻밤을 묵고, 타르의 오아시스 자이살메르를 떠나는 아침은 안개비가 내리고 있었다.
 돌연 급강하한 기온에 스웨터로 몸을 싸안고 창유리를 닦아 내며 내다보는 시야는, 목에다 진자주색 숄을 감은 라지푸트 사내가 자욱한 안개 속에서 모닥불을 피우고 있는, 뭉개기 기법의 비현실감이었다.

 한나절 낙타 등에 얹혀 사막을 달리거나, 진즉에 제목은 지워졌으나 흡사 험프리 보가트가 나왔던 어떤 영화 속 같은, 우물 정#자형

호텔정원에서 다홍색 터번의 사막의 악사들과 무희들을 불러 즐긴 바비큐의 밤이며, 노을 지는 지평선 바라보며 사막 한가운데서 금 간 찻잔에 받아 마시던 짜이 한 잔의 맛 다 놔두고, 왜 하필 젖은 유리창 애써 닦아 내어 보았던, 낙타들 옆에 세워 두고 빗속에서 타고 있던 모닥불이, 유랑의 사내가 두른 진한 숄 색과 함께 내 기억 속에 이리, 낙관인 양 각인되었는지?

어린 날 사방이 어두워진 저녁때 안방마루에서 홀린 듯 바라보던, 쇠죽을 끓이느라 칙칙 소리를 내며 타던 사랑방 아궁이의 장작불이거나, 오직 그것만으로 하루를 살아 낼, 일용직 노동자들이 빙 둘러앉아 언 손바닥을 펴 들고 몸뚱어리를 녹이던, 이국의 이른 아침거리의 모닥불이거나, 봄맞이를 위해 마른풀 둔덕이며 논두렁에 지피는 들불이거나, 타오르는 불은 모두가 아름답다. 그러나 우리를 매료시키고 압도하는 불의 힘이 단순히 시각적으로 감지되는 아름다움뿐이겠는가 어디.

호남선 남행열차를 타고 가던 어느 늦은 겨울이었던가.
김제평야는 순식간에 밀려드는 어둠의 밀물 떼에 속수무책 정복당하고 있었는데, 바로 그 시각 아득히 지평선까지 펼쳐진 들녘에다 부지런히 움직이며 불을 놓고 있는 한 농부를 보았다. 연이어 피어오르는 진홍빛 불의 자락에 비치는 먼 그의 실루엣은, 흡사 페르시아의 어느 적막한 사막에서 혼자 제사를 집전하고 있는, 배화교拜火教, 중세의 사제처럼 숭엄해 보였다. 그리고 또 한 장, 내 마음속 깊은 갈피에는 초등학생 내 아이가 어른이 되는 세월의 뒤까지도 색바랠 줄 모르고 남아 있는, 치명색 불의 채색화가 있다.

 그 집은 유독 거실 한 면이 통째로 훤하게 트인 전망을 보여 주는 통유리 창으로 되어 있었는데, 커튼만 걷으면 길 건너편으로 아파트 한 단지쯤 족히 들어설 넓이의 공터가 언제나 눈에 들었다.

 이른 아침 정신없이 청소를 하다가 문득 머릴 들면 유리창 밖으로 누가 놓은 것인지 늘 한 무더기쯤의 불길이 짙붉은 자락을 펄럭대며 타고 있었다. 미처 해 안 뜬 음습하고 황량한 겨울시간을 뜨겁게 색칠해 대며. 그리고 그 불은 그해 겨울 내내 가차 없이 나를 무장해제시키고, 나를 울렸다. 잘 닫힌 이중의 창 안에서 목숨의 빙점을 끌며 추워 떨던 짐승 한 마리의 눈물을, 옆구리에 울혈주머니를 끌며 뒤트는, 벗은 겨울나무 같은 존재를 치던 그 사무침의 기억을, 나는 여태껏 지우지 못한다.

 —그렇게 어느 때 어느 곳 가릴 것 없이 불만 만나면 무심하게 지나치지 못하고 반응하는, 내 감성의 정체는 그러면 대관절 무엇이

란 말인가?

　가슴자리 오이지 납작 돌짝에라도 짓눌려 사는 듯, 으르렁대며 버둥질치던 내 안의 거친 분노나 광기 따위의 날선 모서리들은 이젠 거의 몽돌이 되어 잔조로워질 만큼 멀리 굽이치고 굽이쳐 왔는데도, 불은 왜 아직도 내게 무심한 대상이 아니고, 맞닥뜨리면 어김없이 나를 망연케 하는지?
　그것은, 불이 품고 있는 비장미悲壯美 때문이리라.
　또한 아무것도 돌보지 않고 그 무엇에도 거리낌 없는 질주의 절대 야성, 그 절명의 매혹이기도 할 것이다. 그러나 그 황홀무아경인 것이 어떻게 순식간에 사람의 온 몸뚱이를 한 아가리에 삼켜, 끝 모를 대하드라마 같았던 그의 생애들을 한순간에 허무의 재로 지우는지, 나는 그 현장을 그때는 경험하지 못했으므로 내 인생의 전반기, 불의 느낌이란 다분히 추상이었음을 부인할 수가 없다.

　불가佛家의 말씀이 나라는 집이 지어진 재료가 지地 수水 화火 풍風 그 네 가지라니 그때 내 안에 가장 성했던 기운인 불이, 숨통이 막힌 화덕처럼 터져 나오지 못해 아우성치고 있었으리라는 것도.

늘 뻗으면 팔 안에 들고, 영원할 것처럼 살 비비던 자식을, 부모를……, 사랑하던 이들을, 불이 어떻게 내 곁에서 깨끗이, 지구 그 어디에도 영영 흔적도 없이, 살라 버리는지를 나는 그 뒤로도 목격하고 또 목격했다. 그럼에도 기억상실증 환자인 듯, 이 겨울 깨지고 못 박힌 허접대기 나무토막들이 저 아래 공사판에서 피워올리는 한 무더기 모닥불길에도 나는 눈을 떼지 못하고 있다. 유리창 앞에 붙어선 채.

아직 내게 손에 잡힐 듯이 남아 있는 체온이며 눈빛, 내 이름 불러주던 목소리 단숨에 살라 버린 생의 종결자, 저 잔학한 것에게 속수무책 나는 매혹당하고 있다.

지상의 가장 눈부신 축복 같은 형상을 하고서, 정작 가장 냉혹한 집행자, 소멸이 본질인 불에게.

(양주작가)

상처, 시금치 냄새

　어느 해든 화창한 봄날이면 샛노란 병아리 떼 같은 꼬마들이 한껏 들떠 졸졸졸 선생님 뒤를 따라가거나, 색색 옷차림으로 등에 불룩한 먹거리들을 지고 새 떼처럼 재재대며 가는 소풍행렬을 쉽게 만날 수 있다. 그리 숱하게 보아 온 풍경임에도 그때마다 내 마음의 수면에는 어김없이 심상찮은 파문이 인다. 싯누렇게 변색된 사진첩의 세월 저편, 그 시금치 냄새와 함께.

　바람에 한껏 몸을 푼 풀잎사귀들이 한사코 젖은 볼에 스치던 4월의 그 들길.
　아이들로부터 혼자 떨어져 나와 키를 재는 풀숲에 싸여, 등 뒤로

듣던 그 즐거운 웃음소리! 열 살짜리 어린 가슴으로 밀어 쳐오던, 그때 그 큰 슬픔의 파도가 번번이 나를 삼킨다.

뒤란의 라일락 향기 짙게 흩날리던 봄 어느 날이었을 것이다.
일곱 살 꼬마가 K시로 모처럼 친정나들이를 온 젊은 아낙, 고모 손에 무심코 이끌려 생애의 첫 나들이에 나선 것은.
그러나 그해에도, 그 이듬해에도, 아니 그곳 시골 국민학교를 졸업할 때까지, 나는 집에 돌아가지 못했다. 곧 이어 발발한 동족상잔의 미친 소용돌이 속에, 아버지와 함께 돌아가야 할 집이 사라지고 없다고 했다.

학교 문이 다시 열리고도 근 1년쯤이나 지났을까? 나는 면장이었던 고모부의 이름이 보호자 난에 오른, 면소재지 국민학교의 학적을 갖게 되었다.
고모 댁은 한 성씨들로 이루어진 씨족마을의 종가宗家였다. 많은 농토에 그 마을에서 가장 큰 집과 둘씩이나 되는 머슴도 부리고 있었으나, 아이가 없었다. 정실부인인 고모의 불임의 원인이 무엇인지 어떻게든 알아내거나 고치려고 애쓰는 기척도 없이, 어느 저녁엔가는 마루에 걸린 호롱불 아래, 분단장한 낯선 여인이 앉아 있기도 했다. 그러다간 마침내 붙박이로 작은댁이 들어앉고, 광이 있는 한 칸 마루 건너 고모부와 같은 방을 쓰는 젊은 여자에게 남편과 곳간 열쇠를 다 빼앗긴 채, 고모는 오갈 데 없는 친정조카까지 혹으로 붙인, 허세의 큰방마님이 되었다. 그 고모가 밤이면 뒤척대며 내뱉는 원망과 불면의 긴 한숨소리는 창호지 창살문 뒤 밤 새워 불어치는 뒤란의 대밭 바람과 함께, 내 유년의 잠자리에 깔리는 슬프고 유장한 배음(背音)이었다.

아마 삼학년 때였던가, 봄소풍 날이었다. 반 여자아이들이 쌀을 거두어 선생님께 드릴 떡을 해 간다고 했다. 쌀을 가져가야 하는 날 고모는 쌀 두 홉 대신, 텃밭에 너울대는 시금치를 캐 주며 바구니를 들고 뒤따르는 내게 "시금치라는 것도 참 맛있고 귀한 것이니 대신 가져가도 받아 줄 것이다." 했다. 전쟁에 참담히 할퀴인 궁핍의 시절, 시골마을에서 사실 참기름 냄새 진하게 풍기는 시금치나물은 고모부 밥상에나 올라가는 귀한 것이기도 했다.

그러나 쌀 대신 내가 들고 간 시금치는, 고모의 기대와는 달리 소풍날 반 아이 모두가 둥글게 둘러서서 받는, 떡 두 덩어리의 배급에서 유일하게 나만 건너뛰고 지나쳐 가 버린, 모진 소외의 값을 내게 안겼다. 내 차례가 되자 떡을 나눠 주던 대장 아이는, 나를 일별

하더니 떡 대신 "야! 넌 쌀을 안 가져왔잖아!" 표독하게 쏘아붙이며 휙 지나쳐 가 버렸다.

 상처란 영혼이 여릴수록 치명상을 남기는가?
 어찌하여 그때 무리 밖으로 나를 팽개쳐 놓고, 키를 재는 풀잎사귀들 너머 저어만큼서 떡을 나눠 먹으며 웃고 떠들던 애들의 웃음소리가, 귀청에 아직도 이리 생생한지?
 그렇게 일방적으로 가해졌던 따돌림의 슬픔이 아무에게도 위로받지 못한 채 속으로 눌려 가슴에 둠벙을 팠어도, 여하튼 나는 어머니와 형제들이 있는 집으로 돌아와 여학생이 되었다. 그런 다음에도 여전히 방학이면 고모 댁을 찾았다. 그 시대는 오직 농사 외엔 더 아는 것도 가진 것도 없는 농촌에서 여학교에 진학하기란 아주 드문 일이어서, 물론 난 더는 비참한 처지가 아니었다.
 어느 여름방학이었는지, 새하얀 흰 블라우스의 학생복 차림으로 들길을 가고 있는데 세상에, 바로 발아래 그 대장아이가 있었다. 나보다 서너 살이나 위였던 그 아이는, 진학을 못하고 땡볕에서 들일을 하고 있었다. 그때 사뭇 씁쓸한 기분으로 가던 길을 멈추고 물끄러미 서서 그 아이를 바라보았던 일은 벌써 어느 까마득한 일이었는지.

그럼에도 바쁘게 길을 걷다가, 혹은 싱크대에 손 담근 채 주방의 창 너머로 소풍 가는 아이들의 행렬 무심코 마주칠라치면, 변함도 없이 어린 날 텃밭에서 괜찮을 거다, 괜찮을 거다, 내게 이르던 그 무력한 고모와, 시금치 받아 담으며 말없이 고모 뒤를 따라가던 아이의 풍경이 눈에 밟혀 오고, 어김없이 시금치 삶는 냄새가 맡아진다.

구겨진 잔돈 한 잎, 군것질거리 한 낱 없이 도시락 하나만 얻어 안고 따라가서는 혼자 돌아서서 울던, 열 살짜리 계집애의 그 섦음으로, 내 가슴이 슬픔으로 찬다.

그 여자들, 일체유심조

외과병동 1706호실.

그 병실 벗어난 지도 벌써 5년. 정기검사가 예약된 날 대기실에 앉아 순서를 기다릴라치면, 그때 한 10여 일 그 병실에서 함께했던 환우들의 얼굴이 자꾸 떠오르고 왜 그들의 안부가 여직도 궁금해 오는지?

내가 퇴원하던 날, 모처럼 화장을 하고 그 지겨운 푸른 환자복 벗어던진 대신, 무슨 비상의 날개인 양 벗어 두었던 바깥세상의 옷 갈아입는데, "남들은 다 저렇게 때가 되어 퇴원을 하는데……." 등 뒤에서 들려오던 뒷말을 잇지 못하고 그만 목이 메던 목소리이며, 이런저런 그곳에서의 일들이 어찌하여 쉼 없이 흐르는 세월의 강 물

살 아래서도 흘러갈 줄 모르고 이리 생생하게 퍼덕여 오는지?

　내가 수술실에서 실려 나와 혼수상태를 막 벗을 무렵이었을 것이다. 갓 입실한 얼굴빛이 유독 샛노란 여학생 환자의 보호자인, 상당히 젊어 뵈는 여자가 걸려 온 전화를 받더니 난데없이,
　"나 같은 년 팔자가 다 그렇지 뭐 별수 있겠어!"
갑자기 누굴 갈겨 대듯 사뭇 전투적으로 내뱉었다. 그러더니 병실 안 누구도 묻지 않았는데도,
　"애 아버지가 글쎄 집을 나가 다른 여자랑, 아들만 데려다 살고 있는데요, 쟤가 말도 못하고 참고 참느라 맘이 뭉쳐서 저렇게 되었어요. 병명도 안 나오는 병이 들었다구요!"
상당히 날씬한 몸매랑 괜찮은 얼굴 모양새로 해서 거의 충격적이다 싶을 만큼 급하게 말의 자갈을 쏟아붓는 것이었다.

　상처 입은 짐승들은 그리 빨리 서로의 상처를 핥던가.
　암 병동에서는 이상하리만치 사람들이 쉽사리 옷을 벗었다. 몇십 년씩의 서로 다른 문화며 환경, 가방끈의 길이…… 따위의 큰 간극에도 아랑곳없이.
　7인용 병실의 공간 조금치라도 여유 있고 시야가 바깥으로 트인

창문 쪽의 두 침상은, 으레 장기 환자들 차지고 그들의 병력 또한 단 한 번으로 끝나는 수술로 겨우 일주일, 아님 열흘쯤이면 퇴원해 나가는 다른 환자들과는 비교도 안 될 만큼, 복잡하고 심각하고 다채로운 특징을 갖고 있었다.

흡사 중처럼 밀어 버린 머리통을 털모자로 감춘, 유난히도 살빛이 흰 여자의 입에서는 보다 모진 흡사 꿈틀대는 산 낙지를 쳐 대듯, 뒤틀린 그녀의 팔자가 내뱉어지고 있었다.
"난 스물아홉에 이혼을 하고 주욱 혼자 살았어! 바람피운 남편에게 애들 둘을 다 뜯어 줘 버리고."
"세상에나, 스물아홉이라니! 그 좋은 나이에 행여 재혼할 생각은 안 했나요?"
물었더니, 친정어머니가 그랬단다. 그 더러운 사내놈들은 다 뭐에다 쓰냐고. 그냥 깨끗하게 혼자 살라고. 그러면서 덧붙였다.
"어머니도 쭉 혼자였었거든."
절로 풀려 가는 실꾸리처럼 그 뒤로 이야길 잇는 사람은 그 침상 맞은편의, 말투도 인상도 깔끔하고 단정해 뵈는 서울여자였다. 난소암으로 첫 칼을 댄 이후로 무려 여섯 차례나 더 수술을 받았으며, 그러는 동안 위며 창자가 다 붙어 버려, 밥 대신 코에 끼운 플라

스틱 링거줄로 연명하며 장장 4년의 세월을 병원의 침상에서 보내고 있다는.

"우리 남편은 버얼써 젊은 날에 다른 여자에게서 딸을 낳았어. 그 길로 나가서는 그 여자랑 살고……. 난 아들 둘을 20여 년 동안이나 혼자 키워 왔어. 그래도, 그으래도 이혼은 안 했어. 누구 좋은 일 시킬려구 이혼을 해 줘? 절대로, 절대로 이혼 같은 건 안 해."

보아하니 면회 오는 아들들이 어른이 다 되었는데도, 그 여자의 칼날에는 시퍼렇게 독이 서려 있었다. 그런 다음 결론을 추출해 내는 데도 전혀 이견이 없었다. 그 여자들은.

―서울에는 화냥년들이 너무 많고, 사내새끼들은 바람을 피우게 되어 있는 어쩔 수 없는 하급동물이다, 라고.

또한 그녀들에겐 공통점이 있었다. 줄곧 혼자 산다는 것. 아니 무엇보다도 그들의 공통점은 손 쓸 길 없는 불행이었다.

아침이면 색깔도 요염한 진홍빛 화장그릇을 풀어놓고 거울을 보는 머리카락 한 올 없는 여자에게,

"이번에 퇴원하면 아주머니, 재혼을 하시지요. 아직도 예쁘시고 또 있잖아요, 실패는 성공의 어머니니까요. 한번은 잘 살아 보셔야죠?"

내 권유에,

"아휴, 나 재혼 못해. 거기 다 꿰매 버렸거든. 이제 다 늦었어."
그 참담한 대답하며, 비가 오는 날은 유리창 밖을 바라보며 '아, 부침개를 부쳐 먹어 봤으면!' 햇빛 쨍쨍한 날은 또 창밖을 바라보며, '오장동의 냉면 좀 먹어 봤으면!' 하고 기상 따라 날마다 간절히 먹고 싶은 음식이름을 대던, 밥 대신 간신히 코로 링거를 받아먹고 살아가던 여자…….

그 기막힌 상황과 참담한 희망이 아직도 내려가지 않은 체증처럼 고통스레 나를 찾아오는 것은, 모진 겨울을 녹이며 꽃피는 봄이 오고, 질식할 듯한 더위도 어느 순간 끝을 쳐 보내며 가을이 깃들고……, 죽을 것 같았던 고통이 익어서 양식이 되는 과정을 해마다 반복해 설법하고 가는 세월을 두고도, 뭉친 앙심 그대로 음습하게 그녀들 가슴에 터를 잡은 바윗돌, 그 과중량 못 이겨 침몰해 가고 있는 배들을 바라만 보다가 나만 살아 뭍으로 발을 털며 나와 버린 듯한, 그때 내가 느낀 어쩌지 못하는 안타까움 때문이리라.

"근데요, 이렇게 한번 생각해 보세요. 길을 가는데 글쎄 발이 너무나도 아파서 이놈의 신발 그냥 벗어 버렸으면! 차라리 맨발로 걸었으면! 했던 때가 있잖아요? 서로 맞지 않는 남녀가 죽자고 함께 산다는 일도 같은 이치가 아닐까요? 그렇게 정리하고 탁탁 털어 버려야 남은 내 인생이 억울하지가 않죠!"

그때의 내 처방이 이미 만신창이가 된 그녀들에게 무슨 도움이 되었으랴만 오늘 또다시 그녀들을 만난다 해도, 나는 똑같은 말을 다시 반복하게 되리라.

당나라 유학길에 올랐던 신라의 원효스님이 칠흑의 밤 어느 동굴에 들어가 잠들었다가 하도 목이 말라 어둠 속을 더듬었더니, 바가지에 담긴 물이 있어 맛있게 감로수처럼 마셨는데, 아침에 깨어 보니 기막히게도 그 바가지가 바로 해골이었다고. 그 동일한 하나의 대상이 감로수일 수도, 해골 썩은 물일 수도 있음을 보고, 깨달음을 체득한 원효의 일화는 얼마나 유명한가.

중요한 건 배신한 자를 미워하는 그동안 파괴되는 것이 결코 상대만이 아니라는 것이다.

죽이고 싶도록 극심한 노여움, 갈가리 찢기는 듯한 통증일지라도, 안 되는 인연 있는 그대로 읽고 타악! 집착을 놓아 버렸다면, 한 번뿐인 생, 그들 삶의 행보는 훨씬 가벼워졌을 것이고, 눈물로 씻긴 눈으로 날마다 새로 태어나는 세상의 금빛 아침을 벅찬 감동으로 맞이해 볼 수도 있지 않았겠는가? 병도 마음으로부터 오는 것이라 하니 어쩌면 그 낭떠러지까지는, 그 손쓸 수 없는 지경까지는 가지 않아도 되지 않았을까?

    그 여자들이 정말 제 인생을 사랑할 줄 알았더라면! 일체유심조一切唯心造, 생각 하나 바꿔 살 줄 알았더라면!

2001. 8. 13

제 2 부

생의 낯설게 하기,
혹은 알함브라를 찾아서

언제부터였을까?

유럽하고도 저 서남쪽 끄트머리 스페인, 포르투갈에 대한 관심이 내 맘속에 머릴 들어 올리기 시작한 것은. 오랜 여행지기 작가 G가 알함브라는 안 선생이 꼭 가 보셔야 할 곳이던데요, 먼저 다녀온 곳에 대한 소감을 요약해 주던, 그때부터였는지? 아니면 일몰의 신호대기에서 시대미상이 되어 가는 내 어깨 홀연히 짚어 오던 FM, 붉은 눈물자락 같은 파두였을까?

크루아상과 찬 우유로 서두른 아침, 시나브로 잎을 버리는 장대의 가로수 너머로 고풍의 파리가 우울한 얼굴을 들어 올리고 있다. 아니나 다를까 노조는 파업 중. 적체의 거리에서 가이드는 길들여지지 않는, 오만하고 고집불통인 파리인들을 얘기하고 있다.

아무 데서나 돌아다보면, 오래 묵은 집들과 아름 넘치는 가로수 길. 샹젤리제, 룩셈부르크, 몽마르트르……가 아닌, 어느 거리를 앵글에 잡는다 해도 예술이 아니고, 삶 또한 낭만이 아니겠는가? 자재가 썩지 않는 대리석이기도 하다지만 무엇보다도 몇 백 년이고 있는 그대로를 보존할 수 있었던 건, 뭐라 해도 저 강자들의 힘일 것이다. 개인의 내면에도 아직 상흔들 옹이로 박혀 있고, 짓밟히고 불타서 내 나라는 보여 줄 것이라곤 하나 없는데…….

일찍이 이십대에 날 강타하고 흡사 어린 짐승이었던 내 자아를 눈뜨게 한 사르트르와 보부아르. 물방울 치는 음악 속에 머리칼 쓸어올리며 걷던 여인의 신비한 이미지, 영화 〈남과 여〉. 노인들조차 옷 색깔의 대비가 완벽하고 단 일회뿐인 생의 본질을 살기 위하여 인습과 도덕률의 껍질 따위 벗어던지는 데 용감한, 저 앞선 의식을 가진 이들과 저 나라에 경의를 표하지만, 나는 일갈하고 만다. 어젯밤의 세느강 환상 크루즈에서 아직도 깨어나지 못한 동행들에게 "그냥 파리에 남아라!" 하고.

저마다가 다 유적이고 세계사인 몇 세기씩 나이 먹은 건물들과 숲, 예술인 촌이라는 생 루이 섬, 그 조용한 격조가 부러워 돌아보고 또 돌아보았어도, 몇 안 되는 세계의 포식자들에게 열광하기엔, 난 이미 지구의 이쪽저쪽에서 너무 많이 보아 버린 것이다. 눈물조차 사치스런 침략과 착취의 절망적인 이빨자국들을.

노트르담대성당은 800년 프랑스 역사와 파리의 상징답게, 낮에도 우릴 압도하고 현혹시키기에 충분했다. 성경 주제한 조각장식들과 환상적 색깔의 스테인드글라스, 네 가지 색조의 장미 창(窓)들은 한낮에 중세의 황홀한 미로 속으로 우리를 헤매게 했다.

휴관인 루브르, 밀려다닌 오르세로 억울해 드가, 모네, 고갱들의 엽서그림들 챙겨 넣으며 리스본행 공항을 향해 가는 길— 거리의 꽃집들은 빗물 너머 갇힌 열정처럼 붉게 타고, 머리카락 잿빛 혹은 밀밭 같은, 얼굴이 조그만 파리지엔느들이 몽환인 양 저문 거리를 걸어가고 있다.

리스본에 짐을 풀고 땅 끝 까브다로카로 가는 차창 너머는, 탁 트인 하늘 창창한 햇빛, 열렬히 밀려드는 대서양…… 못 견딜 역동감이다.

몇 해 전 브라질 여행 때 내 피를 역류케 했던 포르투갈. 그 침략자들의 나라에 들어 나는 한눈에 저들을 읽어 내고 있다.

세계로! 미지로! 저들을 미치게 불러낸 것이 저 아무 데로나 열린 지형, 끊임없이 쳐 대는 열렬하고 황홀한 파도 파도, 어디로도 거칠 것 없는 무한대의 바다였을 것이라고.

광도 부신 햇빛 속 아프리카틱한 하얀 집들과 흰 벽을 타고 오른 선홍의 부겐베리아. 비로소 낯섦이 나를 흥분케 한다.

최초로 성경을 라틴어로 번역한 제로니무스의 생애와 대항해시대를 구현한 15세기의 제로니무스 수도원은, 식민지들로부터 수탈해 온 부가 어느 만큼인지, 상처투성이 저 동양의 작은 나라에서 온 나를, 그만 눈감게 한다.

바이런이 '에덴의 동산'이라 칭송했다던가.

피레네산맥 깊이 숨은 신트라. 표고 500미터 산정, 왕의 여름별궁 '페냐 궁전'에 도착했을 때 차라리 잘됐어, 했던 고장 난 내 디카를 처음으로 아쉬워했다. 이슬람, 고딕, 르네상스…… 뒤섞은 동화 궁전을 내려오는 길바닥에 박힌 작은 돌들이 비록 노예무역으로 온 이들의 피눈물 역사라 해도.

쟈카란타 가로수 사이로 지는 해가 붉고도 붉다. 프랑스말 Fatum, '운명'의 뜻에서 유래했다는 저 애절한 노래 포르투갈인들의 파두처럼.

청곤색 하늘 굵고 청청한 남국의 별알들에게 발목 잡히기 전에, 우리는 이슬람 양식의 아치형 어둑실한 호텔의 회랑을 추억 쪽으로 밀어 보내며, 다시 여행 가방을 밀어 총총 길 위에 선다.

 광활한 구릉과 구릉 사이 조가비인 양 이마를 맞대고 깨어나는 사람의 마을들, 무궁의 바다, 뭉게구름 펑펑 터지는 쾌청하늘…….
이 나라 낙천적인 사람들은 말한다지. 바로 저곳이 '천국의 한편'이라고. 아 그러나, 국경을 넘으면서 나는 돌아본다. 어이없음으로.
 엔리케 항해왕자는 발견기념비 금방이라도 차고 나갈 듯 테쥬강 하구에서 포효하고 있건만 넓은 지구촌에서 하필 식민지 브라질에 피 흐르는 해방신학을 탄생시킨, 잔학한 정복자였으면서도 오늘은 우리보다도 못사는 국가로 전락했다니!

'피와 황금의 기'가 국기인 이베리아반도의 맹주 스페인.
 플라멩코, 투우, 강렬한 태양과 하얀 집.
 안달루시아의 주도 지브롤터해협을 건너온 무어인들의 5백 년도 넘은 이슬람문화의 무대였고, 신대륙으로 출발한 콜럼버스의 땅 세비아에서, 대성당을 돌아 나오는 데 1세기를 바쳐 완성한 하늘을 찌르며 신에게로만 향해 열렬히 치솟은 신본주의의 극치 면죄의 문을 나섰는데, 한 마리 개미보다 작아진 내 발길이 문득 갈 바를 몰라 하고 있다. 구시가 아랍인의 마을 밖에는 어쩌자고 중세의 둥근

달이 비추고…….

도시마다 드는 충격적 규모와 호화 극치의 대성당들의 관람을 두고,

"그런데 과연 저들에게 백성들은 무엇이었을까요?"

"뭐 사람이기나 했겠어요? 강아지새끼들이지."

동행들의 대화를 들으며 생각는다. 성당 가는 일이 태어났을 때, 결혼할 때, 죽었을 때, 일생 동안 단 3번뿐이라는 유럽의 크리스천 현대인들과 그저 딱딱 입이 벌어지는 기막힌 성당들이, 마구간에서 태어난 예수님을 위한 것이었는가를.

피카소의 생가 갤러리에서 그의 고향 말라가의 색채처럼 화려한 색조의 스티커 그림이나 몇 점 산 걸로 지중해변을 통과해 와서는, 저 아래 남국의 불빛들 전설 속처럼 찰랑이는 저녁, 플라멩코를 감상하러 외출한다.

이슬람의 숨결이 진한 바탕색으로 감지되는 노래와 기타반주, 기나긴 뿌리 인도대륙으로부터 끌고 왔다는 사무친 소외와 유랑의 집시 춤이 세상에나! 어둔 객석의 내게 그리 빨리 점화될 줄이야! 미친 듯한 불꽃, 번개 치는 칼날에 신들려 버린 평생 몸치인 내 몸의 까닭을 나도 모른다. 내 오랜 그리움의, 이슬람의 마지막 수도 그라

나다에 와서.

무려 8세기 동안이나 지배했던 이슬람 문명의 결정체.
돌에 부드러운 실을 풀어 수를 놓듯, 코란과 아라베스크 등의 극세공과 분수의 연못, 레이스에 휘감긴 듯 문양장식 타고 내려온 기둥이 많은 회랑과 건물 가운데에 끌어들인 하늘이 있는 정원……, 정복자 가톨릭 왕까지 경의를 바친 사막민족의 몽환적 궁전 '알함브라'를 만나고 가는 차 안에서, 타레가의 기타곡 「알함브라 궁전의 추억」을 듣는데 창유리 밖 어두워지는 황야를 건너서 되돌릴 수 없는 것에 대한 비애와 허무감이 울고 싶도록 엄습해 온다.
'여행은 가서 돌아오지 않는 것'이라는 누군가의 시구가 왜 이곳에 와서사 이해되는지. 사람이라는 이름이 이리 애잔해 오는지.

지구를 반 바퀴쯤 돌아 나와서 전설적인 고도 톨레도를 모국어의 분분한 꽃잎으로 덮는 일은 의미로운 일이었으나, 오래 자동차에 실려 온 피로와 늦은 밤의 시간대는, 졸다가 자다가로 아물가물 시낭송회를 치러야 했다.

짧은 여행의 날들은 벌써 저물어 가고 아무도 말하지 않아도 싹이 터 오르는 정들을 숨길 수 없는 양, 스페인 내전을 다룬 『누구를 위하여 종은 울리나』 무대라는, 절벽 위의 다리 싼 마르틴에서 우리는 헤밍웨이를 얘기하고, 부르지 않아도 서로 엉기며 추억을 찍어 댔다.

「브레다의 항복」「불카노의 대장간」의 디아고 벨레케스와, 프란시코 데 고야의 「카를로스4세 가족」 옷 입은, 옷 벗은 「마야부인들」하며, 노년의 조국과 민중을 주제한 「5월 2일」「몽끌로아의 총살」, 모순된 사회의식 담아 낸 그 말년의 검은 그림들을 집중 감상하는 걸로 프라도미술관을 나서는데 스페인의 수도 마드리드, 오리엔트와 유럽문명의 요소가 결합됐다는 고원도시 시민들이 입김을 내뿜으며 한겨울 무장을 하고, 바쁜 걸음으로 지나고 있다. 여행자의 현실감을 썰렁하게 일깨우고 있다.

돼지다리 숙성시키는 하몽이 주렁주렁 걸린 카페테리아에서 우리도 웬만큼은 익숙해진 저들의 독한 커피 에스프레소를 마실 때, 저 먼 여행의 동료들이었던 우리는 둥글게 둘러앉아 저마다 네 잎, 다섯 잎 꽃잎으로 핀 듯 따뜻하고 정다웠다.

서녘하늘 짧아질수록 붉게 타는 해처럼, 저녁식탁에서 부딪는 한 잔의 와인 빛이 여행지의 마지막 밤에 아리도록 곱다.

　베르사유 궁전의 향수로 지은 18세기 바로크 왕궁은 방마다가 세계적 예술가들의 작품들이라 해도, 유럽 최고의 아름다움이라 안내문은 말하고 있어도, 호사의 극치를 이룬, 요란한 번쩍임들은 지구촌에 해가 지지 않는 식민지를 두었던 피 묻힌 칼의 이력과, 내 유년과 청춘이 놓였던 전쟁의 뒷마당을 노여움으로 떠올리게 했다.

　마요르광장 밖 그 가게 앞에서 나는 놀랍게도 흘러나오는 '옴 마니 반메 훔'을 들었다.
　가톨릭 왕국 유럽 한복판에서 인도풍의 꽃보라 아라베스크 무늬의 숄 한 장을 사들고 나오다가 나는 환성을 올렸다. 그 숍의 이름이 '예수와 붓다'이었기로. 그 아름다운 두 분이 함께라면, 아니 마호메트까지 함께할 수 있다면, 우리들의 세상은 정말 얼마나 아름다울 것인가!

　굳이 사다 주고 싶은 선물이라곤 눈에 든 게 하나도 없었지만, 자원도 없으면서 내놓을 유적도 변변찮으면서, 이만큼 우리의 눈을 높여 준, 참 괜찮은 내 나라를 발견할 수 있게 해 준, 유럽에게 그

라시아스!
　오래도록 내 맘속의 사원이 될
　알함브라여, 아디오스!

(월간문학, 2008. 2)

그 집 앞

　장성역으로 우릴 마중 나온 상진이 색시의 차는 동서남북 어딘지 도통 알 길 없는 인적 지운, 연필화 같은 남도의 겨울 산야를 이리저리 굽이치며 휘돌아가고 있었다.
　아버지의 상을 치르러 귀국한 동생이 수십 년 전에 떠났던 고향 쪽을 보고 싶어 해, 이른 아침 우리는 서울역에서 호남선 열차를 탄 것이다. 다음 날 아침에나 닿는 완행열차를 타고 가다가 내려서 가락국수를 사 먹었던 역이 대전역이었는지 천안역이었는지 아리까리한 흑백필름을 더듬기도 하며.

　70년대에 처녀의 몸으로 대륙을 건너가 살고 있는 동생의 감회에 함께 젖어들며 얘기에 빠져들다가, 문득 차창 밖으로 보았다. 왠지 퍽 낯익은 듯한 풍경이 창밖으로 전개되고…… 휘휘 지나가고 있음을.

"근데 여기가 대체 어디야? 호수가 있고……, 우리가 지금 어디를 질러가고 있는 거지?"

두리번대는 내게, 운전대를 잡은 상진이 색시가 말했다.

"아니 몰라요? 저어기 저수지 건너 언덕에 있는 집이, H 교수네 집이잖아요? 으응, 지금 주말이라 집에 와 있나 보네. 마당에 차가 서 있는 것을 보니."

무심하게 중얼대는 그녀의 말을 듣는 순간, 갑자기 내 가슴 밑이 칼끝에라도 스친 듯 싸아~ 아픔이 이는 것이었다. 나를 태운 자동차는 브레이크 한 번 밟지 않고 그 풍경을 뒤로뒤로 가볍게도 밀쳐내며 빠져나가고 있었다. '내 영원한 소녀야.' 하고 불러 준, 그 목소리의 사람 거기 있다는데. 내 가슴에 그리 오래도록 각인된 저수지 둑과 보리밭. 호숫가의 외딴집을.

한낮의 겨울햇살은

청렬하게 반짝대는 호수와

주인의 검은색 차 한 대도 앞마당에 담긴

언덕 위 녹색 집 한 채를

끌로드 모네의 인상파 그림인 양

환하게 조명하고 있었네

가슴 밑 재빨리 긋고 가는 사금파리 날 한 조각

산에는

네 입술 빛 꽃잎으로 봉오리 트던 진달래, 진달래

그 이른 봄날의 석양

바람이 흩는 내 생 머리카락들 위, 얇은 내 어깨 위로

돌연 쏟아 내리던 격렬한 폭포

너의 열창에—

— 졸시 「그 집 앞」의 부분

아아, 나보다 먼저 물결치던

호수의 둑 아래 우리 열일곱의 청보리밭은

흉흉한 주검 빛 묵정밭이었네

나를…… 울리고…… 있, 었 네*

— 졸시 「그 집 앞」의 일부

　그러나 나를 울린 그 아픔이 딱히 사람에 대한 미련 때문이 아님을, 생이 조용히 바라뵈는 이 가을나절 여기만큼 와서, 나는 알고 있다.

　흰 목련 꽃을 두고 사람들은 말한다. 그리 깨끗한 것이 왜 질 때는 저리도 추한 것이냐고.
　봄이 채 다 오기도 전, 몇 번의 짧은 햇빛 눈 맞춤만으로 차오를 대로 차오른 멍울들은 흡사 소녀의 수줍고 흰 목덜미같이 순결한 자태로, 겨우내 완강하게 굳은 나무의 표피를 찢고 나온다. 남보다 먼저 대책 없이 터져 나와서는 다 지나간 듯 숨어 있던, 겨울 게릴라에게 뺨을 맞으며 찢기고 여린 속살 공해에 시달리다가, 정작 화난방창 축복의 봄 도착해 세상의 꽃들이 한껏 뽐내며 피어날 때 만신창이가 되어 지고 마는, 애처로운 꽃이 아니던가.
　무릇 첫사랑의 운명이 그러한 것이라 생각한다. 애무의 감미로운 햇살은 짧고, 맹세는 덧없는데, 위해에 가득 찬 엄혹이 본류인 세상에, 철없이 아무 방비도 없이 순결무지의 속살 모조리 열어, 맹목으로 달려가는 것.

그러나 바라보기조차 부신 무방비의 순결은, 면역력이 전무하므로 야비하고 불온한 세상에게 가장 참혹하게 상처 입는다. 그럼에도 살면서 다른 사랑들을 몇 번쯤 더 경험했을지라도 거개의 사람들은 가장 오래된 첫사랑의 향기와 아픔을 가슴속에 오롯이 간직하고 있다.

굽이굽이 세월의 후에도 아리게 떠오르고 못 잊는 것이, 그렇지만 반드시 그때 그 사람일까?

> 노란 숲 속에 길이 두 갈래로 났었습니다
> 나는 두 길을 다 가지 못하는 것을 안타깝게 생각하면서
> 오랫동안 서서 한 길이 굽어 꺾여 내려간 데까지,
> 바라다볼 수 있는 데까지 멀리 바라다보았습니다
>
> 그리고 똑같이 아름다운 다른 길을 택했습니다
> (중략)
>
> 그날 아침 두 길에는
> 낙엽을 밟은 자취는 없었습니다
> 아, 나는 다음 날을 위하여 한 길을 남겨 두었습니다

길은 길에 연하여 끝없었으므로

내가 다시 돌아올 것을 의심하면서…….

훗날에 훗날에 나는 어디선가

한숨을 쉬며 이야기할 것입니다

숲 속에 두 갈래 길이 있었다고

나는 사람이 적게 간 길을 택하였다고

그리고 그것 때문에 모든 것이 달라졌다고.

— 로버트 프로스트Robert Frost, 「가지 않은 길」

   가지 않은 길은 꿈의 부위에 속한다. 내가 택해 가는 일상이 나를 배반할 때, 우리는 다 가지 못한 첫사랑이라는 안개 낀 길의 저쪽을 그리움으로 배회하는 것은 아닐까. 대저 삶이란 태반이 지루하거나 고통스럽고 때로는 사막에 던져진 듯 처절하게 외로운 것이기도 하니까. 또한 그리 세상모르고 막무가내 티 한 점 없는 흰 목련 첫 송이처럼 피어나던, 생애의 눈물겨운 순정시대일 것이다.
   우리가 정말로 되돌아가고 싶은 곳은.

(문학정신)

울지 않는 아이

    수분이 많아서 유독 탱탱하고 싱그러운 오이는 소금물에 돌팍을 눌러 쥐어짜고, 아껴 보관해 온 묵은 김치는 물기를 짜낸 다음 다시 프라이팬에 볶아 줘야만, 냉장고 속에서나마 보관식품이 된다. 채소며 과일들 금방 주르륵 물로 주저앉고 마는 살인적 무더위의 여름 동안.

    ―시리아 공습으로 무너진 건물 잔해 속에서 구조된 5살 소년 옴란 다크니시는 잿더미 뒤집어쓴 채 이마에서 피가 흐르고 눈이 퉁퉁 부어 있는데도 울지 않았다―는 기사와 함께 표정 하나 없는 아이의 사진을 보았다.

하루에도 50번 이상 통폭탄 세례에 단 2주 동안 어린이 106명이 죽어 나간, 시아파 수니파 종파 갈등에서 시작된 것이, 자국의 대통령은 제 국토에 생화학무기를 사용하고 미국과 소련이 뛰어들어 대리전을 벌이고 있는 11년째 내전에서, 겨우 다섯 살 어린 인생은 너무 많은 것을 보아 버린 것이다. 그 기사를 읽으며 내 마음이 아픈 것은, 철철 울어야 당연한 응석받이 물 어린 목숨에게서 깡그리 물기를 앗아 버릴 만큼, 그가 겪어 온 어른들의 세상이 지옥이었다는 것이다.

난 어쩐 일인지 오래전부터 근육질의 얼굴을 좋아했던 것 같다. 내가 소녀였던 그때는 몰랐지만, 인상에서 근육이 느껴진다는 것은 감상의 물 어림을 이겨 내는, 그 내면에 남다른 체험의 결기가 단단히 자리 잡고 있음을 뜻할 것이다.

모과 알은 단단해 뵈는 것이 흡사 화강암을 닮았다. 그 열매의 근육질은 밭작물이며 나무 나무 주렁했던 과실 하나 남김없이 거두어진 늦은 가을, 몰아치는 찬비며 상강의 흰 서릿발을 홀로 남아 견딘 이력이 있기 때문이며, 또한 먹을 수 있는 과일도 아닌 딱딱한 살의 그 열매를 우리가 좋아하는 것도, 찬연했으나 혹독한 고행이기도 했던 남다른 삶의 체험으로 익은 특유의 향기 때문이 아니던가.

산다는 일은 태반이 수분으로 형성된 생명체에게서, 물기를 거두어 가는 일이다.

돌아보면 삶의 모퉁이 모퉁이마다 난 얼마나 울었던가. 그리도 많았던 눈물이 신기하게도 이젠 내 것이 아니다.

시리아의 다섯 살 소년 옴란 다크니시처럼, 나도 이생에서 너무 많은 일을 겪었고 너무 적나라하게 그 실상들을 보아 버렸다는 얘기다.

절로 불길이 이는 폭염과 가뭄 광란의 태풍이, 세상모르고 쑤욱쑥 다투어 키를 재며 자라나고 날마다 새끼넝쿨 뻗치던 여름날의 초록텃밭 언제였냐 싶게 짓밟아 버리듯, 그런 다음 새까맣게 자지러져 버린 쑥대밭 그 자리서, 그래도 한 줄기 호박덩굴이 널브러진 주검들을 디디며 되살아나 가까스로 늦은 열매를 달듯이, 인생도 어느 날 매복병처럼 기습하며 덮치는 재앙에게 무장해제당하며 기댈 데 하나 없는 실상의 생 앞에, 비로소 정면正面이 되어 마주 서는 것이 아니던가. 눈물 없는 눈을 들어.

    제때제때 잡초를 매 주거나

    가뭄철에 물 한 번 못 주다가

    뒤늦어 황황히 찾아들면

쑥갓도 들깨도 채소가 아니다

허리 낚아채 뽑으려 하자 벌커덩,
단숨에 내 몸뚱어리를 뒤로 동댕이질친다
적의를 드러내며

더 없이 순하고 보드랍던 것은
기다림과 신뢰의 유효기간이었다,

더는 나를 기다리지 않게 되었을 때
말라비틀렸으나 노여움 뜨거이 충전된 목숨은
비로소 정면正面이 되었노라, 고
응석을 떨 아무도 없는 세상을 두고

　　　　　　　　— 졸시 「버려진 것은 나무가 된다」 전문

방목

    수술실에서 실려 나와 의식을 되찾은 그날 아침, 외과병동 7층 병상에 누워 내가 본 것은, 스케줄이 잡혀 차례로 실려 나가기 위하여 푸른 수술복으로 갈아입혀진, 맞은편 침대의 두 여자였다.
    미명 속에서 한 사람은 부처에게, 또 한 사람은 '은총이 가득하신 마리아'를 부르며 절박한 몸짓으로 절을 바치고 또 바치는.
    갓 깨어난, 친친 붕대 감긴 애처로운 몰골이면서도 그들을 바라보며 나는 웃었다.

    긴 복도며 엘리베이터 부산한 발자국소리……. 수술실행 내 침대가 멎는가 싶더니, 귓전에

"우리 같이 기도할까요?"

웬 여자의 낮은 목소리가 들려왔다.

눈을 뜨자 바로 내 얼굴 앞에는 생소하게도 검은 옷의 수녀 한 사람이 두 손을 모으고, 나를 내려다보고 있었다. 그곳이 수술실의 커다란 문 앞이었다.

그때 퍼뜩 나는 감지했다. 내가 이 문을 들어간 다음 어쩌면 죽을지도 모른다는 것을. 그들이 그렇게 생각하고 있다는 것을. 영화 속에서 익히 본 임종 직전의 장면이었다. 그러나 이내 다시 눈을 감으며 내게서 나가는 대답은,

"아니요. 감사합니다."

였다. 내가 생각해도 그 순간 어찌 그리 내 마음이 잔잔할 수 있었는지 알 수 없었다. 아니 나는 그 상황을 납득하고 받아들이고 있었다. 그래서 편안했다.

내 목숨의 생사는 벌써 나의 소관도 누구누구에게 기대고 애걸해 다시 되돌려 받을 일이 아닌, 단지 단호한 대자연의 법칙 속에 쏘여진 화살이라는 사실을, 그때 이해하고 있었다.

그러므로 또한 나는 알고 있었다. 저들이 부르는 어떤 신神도 이 아침 파고 드높은 운명의 바다에 구원의 눈부신 배가 되어 달려오지 않을 것이라는 것을.

회복기에 내가 이사 든 집은 서재의 의자에 앉으면 양편으로 수락산과 도봉산의 봉우리가 시야에 들고, 앞으로는 높은 건물 하나 없이 횅하니 비어 있는, 예전에 무슨 큰 공장이 있었다는 공휴지였다. 온종일 일조량 여한 없는 남향받이인 탓인지, 서울 집에선 한두 송이 피다가 말던 제라늄이 가을 겨울 따위 환절도 아랑곳없이, 뭉게뭉게 구름 같은 붉은 꽃들을 열렬히 피우고 또 피워 냈다. 환부 마르지 않은 몸으로 유리창에 기대어 그걸 바라보면서 곧잘 젖어드는 눈을 들며, 나는 내게 말하고 있었다.
―사람의 삶도 또한 그러하리, 그러할 것이다.

이삿짐을 푼 다음 날부터, 나는 자고 깨면 무엇을 입었는지 신었는지 모르는 채 집을 차고 나와 아무나의 채마밭이 된 넓은 공터며 그 공터를 돌아서 가는 야산으로 갔다. 비가 오는 날에도, 눈이 내리는 날에도 갔다. 나무랑 풀내음, 새소리에 빠져 있다가 미명이 걷히며 나뭇가지들 사이로 내가 벗고 나온 아파트의 건물들이 윤곽을 선연하게 드러낼라치면, 내가 향유하고 있는 짧은 그 시간이 항상 아쉬웠다. 어쩌면 나는 그 시간대 속에서 한 그루 나무이거나 한 마리 야생짐승이었을까.
분명한 것은 자연이 내게 날마다 야성을 수혈해 주고 있었다는 사실이었다.

　이른 아침에 길을 떠나는 여행자가 되면 보게 된다. 어느 낯선 나라 낯선 지표 위에서든 간에 아무리 훼손되고 더럽혀졌을지라도 아침이면, 지구가 창세의 그 빛 부심으로 다시 태어나고 있음을. 이슬 속에 순금 아침빛으로 봉오리를 젖히는 꽃이며, 나뭇잎들을. 신비하고도 불가해한 자연의 위대한 치유력을 목격하게 된다.
　그 발견은 번번이 걷잡을 길 없이 내 영혼을 덮쳐 오는, 감동의 뜨거운 밀물이었다. 나도, 아아 그러니까 나도 아니었던가! 또한 자연이 아니었던가!

　　　어느 쪽이든 파란 등燈
　　　거칠 것 없이 직진해 간 밀밭 수수밭 목화밭
　　　다투어 터져 나온 갖가지 꽃망울들
　　　갇히고 싶지 않은 것들이 어디 저들뿐이랴

　　　문명과 살 섞은 적 없는
　　　빛과 색들의 잔치, 푸른 그늘 간간이 먹이를 뜯는
　　　희고 검은 짐승들 사이 낭자한 새 떼들, 혼자서 길을 가는

어린 인도의 소

방목되고 싶은 목숨이 어디 저들뿐이랴

풀 나무 짐승들이랑 함께 가는

이 한 생의 길

길에서 잠을 자고 들판에서 밥을 먹고 달빛 아래서 사랑을 나

눈들

아낌없는 일조량, 풀어 넘치는 꽃향기

야성의 갈기 휘휘휘, 휘날리며

동서남북 어디로 내달은들……

― 졸시 「우리들의 집」 부분

어미에게서 태어나 젖을 빨고, 때가 되면 죽어서 흙으로 돌아가는, 당연히 우리가 자연임에도, 우리 사는 세상을 채우고 있는 것들은 강파르고 모나고 시끄럽고 정신 차릴 수 없는 속력과 장삿속의 홍수이매, 제 의지도 아닌 방향으로 휩쓸려가면서 다치고 망가지는 삶을 더는 방치할 수 없어, 나는 자주 들고 나오는 것일까?

그러나 이른 아침 혼자 터덕터덕 빈 길을 가는 인도의 소처럼, 나

를 방목하라는 내 목숨의 요구는, 내 안의 자유혼이 오랜 길들여짐으로부터 풀려나고 있음을 증거하고, 한 존재가 비로소 자연에게로 원위치하고 있는 것이라, 나는 믿고 있다.

(문학과 창작, 2006. 여름)

오동꽃 피는 마을

 남도 행 열차에 몸을 실어 두고 네댓 시간씩 창밖이나 구경하며 가는 여행은, 버거운 세상사의 뒤란에서 아주 잠깐 내가 누리는 고즈넉한 휴식이고, 오래 잊고 살았던 다락 속의 켜켜이 먼지 낀 사진첩을 넘기는 일이다.
 좀 전에 떠나왔던 서울에서는 낡은 이불을 덮고 깊은 잠을 자느라 기척도 없었는데, 벌써 반쯤은 파란 물이 들어 있는 시골집 텃밭이나 들녘의 언덕배기들……. 출발지로부터 멀어질수록 언젠가 내가 벗어 두고 떠난 듯한 퇴락한 마을, 낡은 울타리 안마다 유달리 큰 키 높다랗게 솟구쳐 일제히 보라색 꽃송이들을 들판 가운데 터트린 푸른 꽃 만발한 오동나무의 풍경들은, 무엇보다도 내 마음에 가장 깊게 와 찍힌 아릿한 채색 판화이다.

　밤샘과 한밤중 퇴근을 거듭하며 겨우 바쁜 일을 끝낸 딸을 위해, 일박 이일 저 머언 선암사를 동행해 가던 지난해의 봄, 지나가는 마을마다 약속이나 한 듯 훌쩍 키가 큰 오동나무가 그리 많았던 이유는 훨씬 후에야 어디에선가 읽어 알게 되었다.

　―잘 휘거나 튀지 않고 가볍고도 부드러워서 거문고며 장롱 등을 만들기에 적합한 재질인지라, 예로부터 우리 조상들은 딸을 낳으면, 마당에다 오동나무를 심었다―고.

　대학을 나오고 3년을 넘겼는데도 시집갈 생각을 안 하는 딸을 두고서 벌써부터 좋은 엄마가 아닌 나도, 때로는 근심스러워지고 무엇보다도 딸을 그렇게 키운 게 아마 내 탓이리라 싶어 마음이 착잡해지곤 한다.

　유치원 시절부터 어미를 따라 바로 집 앞의 도서관을 드나들던 아이는, 초등학교 고학년쯤이 되자 속독에 글 솜씨를 발휘하기 시작하더니 스스로 제 할 일 알아서 잘하는 조용한 성품으로 성장했다. 그런데 사회로 나간 그에겐 할 일이 너무 많은 게 탈이었다. 밤을 새워 하는 일이 공부에서 일로 옮겨 간 듯, 눈 코 뜰 새 없는 청춘이라니, 내가 판단하기에도 결혼을 구체적으로 받아들일 여유도 틈새도 없어 보여 안타까운 것이다.

그러나 그런 딸을 두었음에도 어미는, 결혼은 결코 타협할 성질의 것이 아니라는 생각은 일관되게 변함없고 분명한 걸 어쩌랴.

어디 한 몇 년을 살다가 마는 것이, 그래서 다시 바꿔 해 볼 수도 있는 것이 결혼이던가? 자신은 아직 확신을 주는 기어이 함께하고 싶은 그 한 사람을 만나지 못했는데, 상식의 결혼적령기에 밀려 쫓기듯 적당한 줄서기를 하고 말기엔 결혼생활은 너무나도 길고, 그것은 진정 자기에게 배당된 단 한번의 생을 살지 않고 유기하고 마는 행위이리라. 그러므로 분명 아직은 때가 아닌 딸을 두고 내가 할 수 있는 일이 무엇이겠는가?

여자 나이 20대. 저 향기 날리는 너무나도 짧은 봄날은 저물고 있는데…….

어느 사이 그리 자라 버렸는지 5년 전 내가 이사를 해 온, 그 무렵엔 전혀 본 기억이 없는데 그늘도 널따랗다. 큰 키를 늘이고 선 산책로의 한 그루 오동나무 아랠 지날 때면, 피인 푸른 꽃빛깔에도 떨어져 내린 오동잎사귀에도 쓸쓸해지는 어미의 마음을 그러나, 나는 어쩌지 못한다.

딸을 낳으면 마당에 오동나무를 심고, 날을 받으면 처녀는 등잔불 아래 오색 색실을 풀어 베갯모를 수놓고 부모는 키운 오동나무를 베어 장롱을 준비하는, 그 소박한 느리게의 시절이 일에 파묻혀 초췌한 딸아이의 얼굴에 겹치며, 오동나무를 심지 못한 내 마음을 때로 아프게 한다.

내가 찍은 주홍 글씨

그때 우리 가족은 광천동에 살고 있었다.

수십 년이 지난 지금은 백화점이며 아파트, 고속버스터미널까지 들어서서 광주에서도 가장 번화한 시가지의 하나로 변모해 누구도 그곳의 내력을 가늠하지 못하겠지만, 내가 고등학생이던 시절의 광천동은 시내버스 종점에서 내려서도, 다음 날 시험의 답안들을 소리 내어 외우며 가기 좋을 만큼 한적한 길과, 극락강으로 흘러가는 광주천을 건너서야 들어가는 시의 끄트머리에 위치하고 있었다. 마을의 둘레론 넓은 보리밭 들판과 양계장, 그리고 긴 둑이 있었던. 그러기로 한 사람씩 차례로 징검다리를 건너며, 시내버스를 타러

가며 학생복을 입은 서로의 얼굴을, 또래들은 대충 익히고 있었다.

앞 길가 버드나무 그늘에 누구나 앉았다 가기도 하는 긴 나무의자가 놓여 있던, 우리 집은 그 동네 하나뿐인 약국을 하고 있었는데, 하루는 약국을 보던 언니가 누가 날 찾아왔다 부르는 것이었다. 나가 보니 뜻밖에도 직접 말을 주고받아 본 기억이라곤 없는, 동네의 K고 남학생 애가 같은 학교 교복을 입은 낯선 남학생 한 명과 서 있었다.

어둠이 내리기 전 하늘에 노을이 들던 때, 영문을 몰라 하는 나를 불러내 그 남학생이 간 곳은, 동네 밖 축산시험장 언저리였다. 내게 할 말이 있다는 낯선 남학생은 몹시도 어둔 얼굴을 하고 있을 뿐 좀체 용건을 내놓지 않은 채 고개만 떨구고 있었다.

"야, 뭐해? 어서 물어 봐야지!"

친구의 채근이 있고서야, 비로소 얼굴을 들어 올려 마른입을 연 그는,

"……달리 어디 알아볼 방법이 없어서요오……. 혹시, 혹시요……, 그 학교 다니는 황선자라고 아세요?"

하고 물었다.

"아 네, 같은 반인데요."

웬 모르는 남학생의 방문에 한껏 황당감에 사로잡혀 있던 나는 아하! 순간 직감했다. 그 상대가 K고생이라는 얘기를 들었는데, 바로, 바로 쟤로구나! 그러니 저리도 어려운 얼굴을 하고 있는 게지!

"저어 걔가, 걔가요 퇴학을 당했다고 하던데, 그게, 그게, 정말 사실인가요?"

세상천지 어디 물어 볼 데도 없고, 얼마나 괴롭고 안타까웠으면 생면부지 여학생을 찾아와 수치스런 입장 있는 대로 드러내며 저리 묻고 있는가, 싶기도 했지만 정작 목련의 첫 봉오리같이 세상의 실상이라곤 경험해 본 적 없는, 두 갈래로 땋은 생머리의 나는 반사적으로 그에게 쏘아붙였다.

"그거 당연한 거 아니에요? 어쩜, 어쩜 그럴 수가 다 있죠?"

총알로 날아가는 내 대답의 사격을 무참히 받던, 그때 그 남학생의 얼굴을 지금껏 난 잊을 수 없다. 겨우 열일곱, 새까맣게 꺼져 가던 단정한 교복 속의 그 어린 절망감을.

내 아이들이 그 나이가 되고, 의도하지 않은 시행착오며 갖은 실수들을 저지르면서 인생의 숱한 봄 여름 가을 겨울 모퉁이들을 돌아와서, 그 사춘기의 교실 급우들을 만난 자리에 나가, 물은 적이 있다. 혹시 누구 황선자의 소식을 아는 사람 있는지, 두루 둘러보며 물었었지만 아무도 그 아이를 기억에 담고 있는 사람은 없었다. 때마다 마냥 한 무리가 되어 어울려 다니던 떼거리들 중에 단 한 사람도.

고2 때 임신을 했다는 소문과 함께 퇴학을 당한 황선자는, 체육특기생이었다. 체육특기생답게 모든 운동을 잘했으며, 특히 발군의 수영실력으로 학교이름을 높이 빛냈지만, 골격이며 생김새가 남성적인 분위기였고, 공부는 건성건성 내용이 빈 아이들과 한 무리로 늘 어울려 다녔다.

참으로 쇼킹한 소문의 주인공이 황선자라는 말을 들었을 때, 첫 번째로 나는 어이없었고 오물을 쓴 듯한 혐오감으로 일그러졌다.

물론 열일곱 살, 내 마음속에도 쉬이 밖으로 내보일 수 없는 숨은 이름이 있었다. 나란히 걸어 본 적도, 빵집 같은 데에 마주 앉아 본 적도 없는, 그러나 내가 사는 마을을 향해 그가 머리를 박고 하염없이 둑에 앉아 있더라, 는 어느 친구의 전언으로 몰래 가슴이 울던, 안개 강 저편의 이름이.

하지만 생의 나이테 울퉁불퉁 머리카락 퇴색하도록 감아 와서, 살아온 시간들이 때로 조용히 돌아봐지고, 인생이 결코 한눈에 훤히 읽히는 단면만으로 읽고 단정해도 좋게끔 단순구조가 아니란 것에 눈을 뜬 것이다.

내가 그때 그렇게 혐오했던 황선자의 일이, 한 번도 사랑한다는 말을 이성에게서 들어 본 적이 없어 뵈는 올드미스 담임선생과 학교, 그리고 우리들이 주홍 글씨 찍기를 서슴지 않았던 그 아이의 다음 인생에 대해 미안하고, 궁금하고, 염려스러워지는 것이다. 이제 와서 헛되이.

바닷가 도시가 고향집이라는 황선자는 K시로 올라와 자취를 하고 있었는데, 상하방 구조인 미닫이 문 한 장 너머의 방이 그 남학생의 거처였으며, 그들은 우연히도 같은 고장 출신이었다고 했다.

지금 돌이켜봐도 그날 나를 찾아온 그 남학생의 인상이 그런 엄청난 일을 아무렇지도 않게 저지를 만큼, 불량해 뵈지 않았다는 것이다.

열일곱, 위태한 인화물질인 사춘기 아이들을 한 장의 미닫이 이쪽저쪽으로 넣어 놓고 아무 생각이 없었던 부모, 혹은 미성년 남녀 따위 아랑곳없이 아무한테나 방을 세 주고 돈만 받으면 그만인 무식하고 파렴치한 집주인이 있었을 것이다. 치명적인 불장난이 걷잡을 수 없이 타오르기까지는. 그것으로 너무 일찍 나락으로 떨어진 한 인생이 있기까지는.

동백꽃 현수막

　이른 4월 인사동 입구에 동백꽃 문양 붉게 찍힌 현수막이 바람에 거칠게 펄럭이고 있다.
　동백꽃, 동 백 꽃……, 입안에서 불러 보다가 일상의 자리 붙박인 채로 마음이 금방 그리움에 찬다.
　해 기울면 서둘러 머플러를 다시 감고 옷깃을 여미도록 세(勢)를 타는 바람 아랑곳없이, 어느샌지 단호한 붉음으로 피었다가 꽃잎 하나도 흐트러뜨리지 않고 뚝, 뚝…… 통째로 떨어지는 낙화의 모습 너무나도 강렬해서, 내 마음에 진홍의 낙관처럼 찍혀 있는 꽃. 남도 어디 섬이라든가 하는 데선 눈 속에 피었다가 벌써 모가지째 떨어져 꽃송이들이 가득히 땅바닥을 덮었다고 올려놓은 사진을 인터넷에서 발견하곤, 벌써 퍼다가 내 카페에도 핸드폰에도 저장해 놓은 꽃.

그러나 2019년의 이 4월 별스럽게 쳐 대는 꽃샘바람에 지금 혼신을 다해 펄럭대는 것은, 제주의 4·3사태 추모제를 알리는 현수막이다.

무려 제주도민의 8분의 1이 죽임을 당하거나 행방불명이 된 채로, 그 짓이 자행된 지 70주기가 되도록 제대로 달래지 못한 희생자들을, 상징화한 낙화의 문양.

그동안 살육의 책임이 있는 정권이나 그 미친 학살을 먼 산 보듯 방조한 미군정, 혹은 살육을 직접 자행한 책임자들 중 그 누구에게도 죄를 묻지 않았고, 책임 진 일 따위 전혀 없이 가해자들 다 안녕하고 무사하게 살아가거나 더러는 살다가 간, 70년의 이다음 세상에야 댕강댕강 목 잘려 땅바닥을 덮고 또 덮은, 피 붉은 낙화들의 통곡에 귀를 열자는 것이다. 암흑하고도 무도한 이 나라 기막힌 역사 속에서 대부분 무슨 영문인지도 모르고, 구제역의 돼지처럼 겹겹 포개 몰려서 죽임당한 원혼들이,

"들어 다오! 내 피 맺힌 이야기를 제발 좀 들어 다오! 들어 다오!" 소리치는 듯이, 동백꽃 현수막이 온몸 다해 펄럭대고 있다.

처녀 적에 건너가 반생 넘게 LA에서 간호사로 일하고 있는 동생 집에서 몇 년을 살다 돌아오신 아버지는 공항 문을 밀고 나오시며, 마중 나간 내게 말씀하셨다.

"미국은 참 좋은 나라여야."

그 말을 듣는 순간 내 입가가 여지없이 이지러졌다. 정말이지 그 말은, 결코 내 아버지의 입에서 나와선 안 되는 말이었다.

일찍이 한국전쟁 전서부터 그의 생애는 사회주의 혁명사상, 그 신전에 고스란히 바쳐졌고, 유년서부터 아버지는 우리에게 없는 사람이었다. 허기진 하학길 만두 한 알, 고구마 한 꼬챙이도 아니었고, 엄동에 한 켤레 양말도 아니었으면서, 보호자 난에 단 한 번도 그 이름을 채우지 않았으면서, 이제 보니 미국은 좋은 나라라고? 그러면 처자식 대신 그 무엇에다 생애를 다 바치고 오셨더란 말인가?

미국은 좋은 나라여야, 라 하신 그 한마디는 스스로의 인생이, 헛되고 헛된 한바탕 공전이었다고 인정한 것임에.

그날 손수레 가득 채워 밀고 나오시는 미국, 미국의 선물이 얼마나 어이없었던지! 세상을 한 바퀴 돌고 이제는 늙어서 자신이 말한 그 한마디가 제 자식에게 얼마나 커다란 분노를 유발시키고 있는지, 허탈감을 주고 있는지 짐작도 못하는 아버지라니!

그래 세상이 한 바퀴 돌고 난 후, 그의 젊은 피를 열광시켰던 마르크스, 레닌과 소련이 붕괴되고 우리가 지난날 목을 겨눠 총질해 댔던 베트남, 호치민의 나라는 관광하기에 넘 좋은 이웃나라가 되었다.

무엇이, 사람 사는 세상에 무엇이 영원하던가? 무슨 사상 무슨 이념 따위가 그리 절대하던가? 겨우 서른 살 안팎의 젊은 아버지가 사냥꾼들의 몰이짐승이 되었을 때, 그의 자식인 우리 형제들은 그게 무엇인지 왜인지 아무것도 모르면서, 배가 고팠고 추웠고 깃들 데가 없었다. 얼굴도 모르는 부재의 아버지가 줄곧 번번이 내 인생을 가해하고 있었다.

4·3사건의 희생자, 그 대부분의 사람들도 나처럼 영문도 모르고 당한, 권력욕에 눈이 먼 미친 정권, 흑黑 아니면 백白밖에 모르면서 편 가르기엔 재빨랐던 무식하기 이를 데 없는 동물들의 역사, 그 피해자들일 것이다.

산골 마을에 작은 집 한 채를 짓고 오가며 사는 동안, 내가 사는 한 세상이 숱한 다른 생명체들과 함께 살고 있음을 번번이 인지하곤 했다.

아무리 망사창을 해 달았어도 틈새를 비집고 들어온 곤충이며 거미, 창에 온몸을 펼쳐 붙어 있는 색색의 나방들도 쉽게 파리채를 들어 때려죽일 수가 없었다. 집어 휴지에 싸거나, 가만 쓸어 밖으로 내버리며,

"미안해, 미안해 밖에 가서 살아야지, 밖에 가서."
중얼거리곤 했다.

생각해 보면 내가 침입자가 아닌가. 그들의 오랜 터전에 내가 땅을 깎고 집을 지어 든. 저것들도 나와 같이 한 세상 살아갈 권리를 부여받고 태어난 생명체들이란 생각이 때때로 마음을 쳤다.

제행무상諸行無常.

사람의 세상에 불변하는 것, 절대영원이란 애초에 없는 것인데, 우리 아버지의 사상 색이 흰지, 붉은지, 초록색인지 그 색들이 무엇을 의미하는지 따위 하나도 아는 바 없는 어린아이인 내가 앗겼던 포근하고 따사로운 유년, 가혹한 소외와 박탈이 한갓 유한하고 가변하는 정권, 한 시절의 지배이념 따위가 절대가치인 듯 숭앙하며 의심치 않고 저지르고 간 가해일진대, 하물며 그 칼로 우우우 우거진 풀을 베듯이 누군가의 부모, 누군가의 자식, 햇살 같은 어린아이들의 목을 베고도 아무 일 없었다고 칼을 씻어서는 안 되지 않는가?

이생의 배역

요즈음 청소년들 사이에서 한 아이를 따돌리고 더러는 죽음에 이르도록까지 집단으로 괴롭히는 짓이 자주 발생한다고 한다.

어쩌다 텔레비전에서 전하는 그런 화면들을 보고 있노라면, 인간이 갖고 있는, 그것도 사람의 일생에서 가장 마음자리가 오염되지 않은 성장기, 미성년의 나이에 타인에게 저지르는 짐승 같은 폭력성에 진저리를 치곤 한다.

성장과정이 특이했었기로 나는 사회성이 많이 결여된 사람인 반면, 혼자 있을 때 정서가 안정되고 또 무엇인가 조용히 몰입하는 일에는 시간 가는 줄을 모른다. 그렇게 무리 짓는 일이 서툴러 언제나 외톨이인 나는, 초등학교시절부터 늘 따돌림의 맞춤대상이었다.
 우리가 흔히 6·25라 불렀던 한국전쟁이 휴전선을 그어 놓고 끝나고 학교가 문을 열었지만, 어른들은 나를 집에 데려다주지 않았다. 아버지는 행방이 불명이고, 우리 집은 아버지 땜에 풍비박산이 나 버렸다는 거였다. 예쁜 옷 입고 깔끔한 도시아이로 잠시 나들이 왔던 어린것은, 1년여 새에 돌아갈 집이 없는 한낱 더부살이로 전락해, 관심 밖으로 버려져 있었다. 아이들이 모두 학교에 가고 없는 텅 빈 시골마을에.
 그렇게 한 1년이 지났던가? 어느 날 보호자 난에 면장인 고모부의 이름이 쓰인, 면단위 학교에 월반하여 2학년 학적을 갖게 되었다.
 내가 그 학교에 편입되던 날을 지금도 나는 기억한다. 초여름이었는데 고모가 장롱 속에 깊이 간직한 새색시 적 옷을 뜯어 만들어 주었을, 눈이 시리도록 색 고운 철쭉 빛 항라적삼을 입고 간 나를 바싹 원으로 둘러싼 채로 흩어질 줄 모르는 아이들이 짜증스러웠고, 담임선생들이 서로 자기 반으로 데려가려고 했다더라, 수군댄 소리까지도.
 그러나 그렇게 출발한 최초의 공동체 생활에서부터 예사롭지 않은 내 고난의 운명은 시작되었다.
 자연학습지였는지, 혹은 조회시간이면 땡볕 아래 아이들이 퍽퍽 쓰러지는데도 아랑곳없이 한마디도 귀에 들어오지 않는 훈시를 길게 지루하게 늘어놓던 저 사택의 교장선생님을 위한 불법노역이었는지 알 수 없는, 콩밭을 매는 시간이 있었다.

한눈 팔 겨를도 없이 사력을 다해 호미질을 해 대도, 다른 애들에 비해 내 몫의 밭두렁은 어쩐 일인지 마냥 줄어들지 않고, 씽씽 앞을 가는 아이들의 뒤통수 안타깝게 쳐다보다가 결국은 달랑 혼자 남아서 옷섶에 쏟아지는 코피를 보며 절망감에 사로잡히던 그 여름 해질 녘의 일이며, 화장실 청소가 있던 날이던가, 여자아이들만 학교 뒷등성이에 단체로 올라가 있었는데, 갑자기 빙 아이들이 나를 둘러싸더니, 난데없이 덩치 큰 대장아이의,

"야 이년아!"

씹어뱉듯 외치는 개시로부터, 한 아이도 남김없이,

"이년아!"

"이년아아……."

이유도 모르는 채 당하던, 그 울음도 안 나오던 단체폭력.

그 애들이 알고 있었을까?

내가 집에 돌아가도 위로받을 아무도 없고, 그 나이에 변소간에 숨어들어 끄윽 끅, 아무도 몰래 혼자서 우는 아이라는 것을.

그런데 그 열 살 안팎의 어린 계집애들이 나를 그토록 미워하고

가학한 이유는 무엇이었을까?

　말이 없고, 조금은 깨끗하고, 선생님이 신경 써 주는 것도 같고……, 말하자면 자기들과 같지 않은 무엇, 무엇들이 너무 기분 나쁘다, 뭐 그런 게 아니었을까?

　어쩌다 또래들 집에 가서 놀다가도, 그 집에 무슨 떡 따위 이바지가 들어오든가 할라치면, 금방 그 집의 방문을 닫고 나와서는 고개를 푹 떨구고 골목길을 설움에 젖어 돌아오곤 했으니, 내가 어찌 모든 다른 아이들과 다르지 않을 수 있었겠는가? 그렇게 다를 수 있는 것인데, 어른이 되어서도 바로 그런 이유들로 해서 동년배의 동성들에게서 상처를 입는 일이 부지기수다.

　바다에서 살아가는 물고기라 해도, 어느 종은 낮은 물에서, 또 다른 종은 심해가 아니면 안 되지 않던가? 민물고기들 또한 맑은 물만이 모든 물고기들에게 필요한 환경이 아니고 흙탕물이 아니면 안 되는 미꾸라지가 있듯이, 나와 다르다고, 집단과 다르다고 그것이 이상한 일이 아닌 것이다. 다른 것은 다를 수밖에 없는 이유가 있고, 그리하여 각자 다른 특성과 소질대로 다양한 가치를 추구하고 구현하여 지루하지 않는 세계로 변화시키는 데 기여할 수도 있지 않겠는가?

　사람은 거의 자기가 경험한 것만을 이해하고, 나머지는 오래 길

들어 온 관성으로 대상을 판단한다. 그리고 사람이 안 되고 식견이 좁을수록 그 판단을 단단히 믿어 의심치 않는다. 아이들은 부모를 모방하고 답습하므로, 제 그릇의 깊이 스스로 애써 파내지 않고서는 세상을 되질하지 말아야 한다. 아무 데나 관성의 잣대를 들이대는 폭력을 휘두르지 말아야 하고, 내가 모르는 대상, 내가 모르는 세계를 함부로 재단하고 단정 짓지 말 일이다. 특히 성장기는 머물지 않고 지나가고 있는 도정, 길 위의 한 구간일 뿐이고, 유독 그 앞에만 놓인 남다른 시련 또한 그를 연마하고 있는 신神의 숨은 선택일 수도 있지 않던가?

보이는 것만이 인생이 아니고 전부가 아니고 인류를 이끌어 가는 건 적응력 좋은 매끄러운 주류가 아닌, 저 몇몇 길 없는 길을 간, 탐험적 예외자들이 아니었던가?

제 3 부

저 무심한 평토

20세기 미국의 시인 월리스 스티븐스는 시 「악의 미학」에서 썼다.

―연기와 불꽃의 그림자가 유리창에 어른거리는데도 책을 읽고 시를 쓰고, 점심을 먹는다―고.

베수비오산이 폭발해 한 도시가, 모든 주민들이 일순에 화산재에 덮여 몰살당했는데도, 사람이 발 딛고 사는 지구라는 땅이 저다지도 위태하고 불안한데도, 책을 읽고 시를 쓴다, 라고.

아니, 그러므로 태어날밖에 없는 필연적 산물이 아니던가 예술은.

제법무아諸法無我, 우주 간에 나라는 존재, 내가 할 수 있는 일이 아무것도 없다는 절망적 무력감이, 비극의 불가항력이 되어 터져 나오는 것이 아니던가.

　지하철을 따라 내가 이사 든 시계市界를 막 벗은 그 신축 아파트 단지는 하천 너머에 있었고, 다리 건너 다른 쪽 둑 아래론 무허가인 듯 함부로 난립된 마을이 있었다. 그중 '통개를 팝니다' 따위 간판을 읽으며, 저게 무슨 말이야? 얼핏 감이 안 잡혀 머릴 갸우뚱대다가 겨우 뜻을 파악하고는 '원 세상에나 어쩜 저런!' 하며 욕지기를 달래기도 했다.

　그러나 얼마 지나지 않아 그곳은 중장비 차들이 들고 날며 시市의 대대적인 하천 정비작업이 진행되는가 싶더니, 늘 질척이는 듯 우중충하고 지저분한 그 혐오지대가 믿기지도 않게 초록 나부끼는 잔디밭이 되었다. 자전거의 은륜이 반짝대며 줄줄이 달려가는, 바라보기도 참으로 평화로운 널널한 평토.

　오가며 물길 따라 광활하게 열린 그 변신의 풍경을 만날 때마다, 알까? 지금 저곳을 즐기는 오늘의 저 사람들은 짐작이나 할까? 예전에 바로 저 번지들이 어떤 다른 모습이었는지 상상도 못하겠구나! 하며 나 혼자 머리를 젓곤 했다.

　그러나 세월 따라 아무 일도 없었던 것처럼 집단 성형수술지가 돼 버리거나, 그저 밋밋한 평토가 돼 버리는 것이 어디 그곳뿐이랴.

호미를 털어 차에 실어 놓고 산모롱이를 돌아 걷노라면, 주말농장 가까이 시립묘지가 있었다. 관리인의 집 같은 건물이 있긴 했으나 문짝은 늘 열린 채로 벌렁거릴 뿐 비어 있는 듯했고, 이리저리 묘지 사이로 억새며 엉겅퀴, 찔레덩굴……, 갖은 풀꽃들이 함부로 엉클어져 있었다.

그 사잇길들을 비집으며 무심히 발길 옮기다 보면, 무성하게 우거진 덤불에 덮여 있는, 그 사람 내다가 묻고 간 다음 단 한 번도 벌초 작업을 한 적이 없는 듯 봉두난발로 방치된 봉분, 보내면서 애틋이 돌에다 새겼을 붉은 이름조차 아무리 애써 들여다봐도, 단 한 글자도 판독해 낼 길 없는 마모되어 귀퉁이 떨어져 나간 비석 나뒹굴고, 분명 누군가의 무덤자리인 듯한데 더는 받을 자리가 없어서였는지, 주저앉은 그 위에다 새로 포개 올려진 황토색 사뭇 선연한 봉분, 그마저 아예 잃어버리고 쓰러져 있던 것들 모아 꽂아 놓은, 무연고의 이름자 푯말들을 보았다.

겨우 볼 뽀송한 일곱 살부터 오직 그곳이 세계의 전부인 줄 알았던, 마을 앞 둠벙가 배롱나무 꽃빛이 갈 곳 없는 어린 슬픔을 숨죽인 비명으로 채색해 주던 그 작은 산촌, 송림마을은 이젠 아무도 날 알아보는 사람이 없다.

전쟁의 파편이 되어 날아온 어린 조카를 엉겁결에 떠맡았던, 애를 못 낳은 고모의 집.

범접할 수 없었던, 한 번도 흙을 만지지 않았던 종가의 종손 고모부, 사랑채의 두 머슴, 저물녘이면 아궁이에 장작불 너울대며 붉게 타던, 끓는 여물냄새와 아침저녁 움머 움머어~ 울던 외양간의 소들까지 깡그리 사라지고, 마지막에 유령처럼 흰머리로 서성이며 홀로이 그 집을 지키던 고모의 관 위에 한 삽 흙을 부은 다음, 대나무 사립만 젖히면 들로 산으로 통하던 마을의 뒷길들을 젤 먼저 홀랑 먹어치운 아귀 같은 풀들을 보았다. 등림댁 용산댁 양림양반······ 주인들 떠난 담벼락과 지붕들은 혼자서 관절염을 앓다가 스르르 아무도 모르게 줄줄이 내려앉았다.

한 남자에 두 여자. 일중행사 같은 악다구니 쌈박질에 숨을 곳이 없었던 내 유년의 파란만장 따위 아랑곳없이, 매일 아침이면 한 바지게씩 머슴이 마당가 퇴비더미에 져다가 붓던 풀들은, 마을의 가장 높은 자리에 올라앉은 종가의 안채 지붕까지 올라타고 앉아, 점령가를 부르고 있었다.

얼음 풀리고 봄비가 내리면 지난해 저 땅속으로 옮겨 뉜 사람도 코가 갈앉으리. 내 이름을 부르던 그 입술 그 얼굴도 부드럽고 하염

없는 봄비에, 다 흩어지리. 평토가 되리.

그해의 해토머리에 서서, 목울대 뜨거워지며 풀려 가던 내 열 손가락들.

꿈결인 듯 아무 데나 눈 두는 데마다 피는 꽃, 날리는 꽃이파리들로 황홀한 이 4월엔 어찌 이리 부고가 잦은가?

저 다투어 벙글고 벙글고 피어 젖히는 꽃, 창공 가로지르며 맘껏 청아한 목소리를 뽑는 새 떼들……. 황홀장관의 대축제에 식사량이 더 필요한가?

어린 몸을 태운 따스한 재 손가락 사이로 빠져나갈 때 그 산자락은 아직 추웠다.

그다음 해의 봄은 들판은 산은…… 눈길 닿는 데마다 바라보기 차마 부신 생기에다 아낌없이 색을 덧부으며, 또 한 판의 생을 뭉클뭉클 출산하고 있었다. 춤추는 실크스카프 긴 자락의 감촉으로 감기는 바람 속에, 청명 햇빛 아래, 생의 찬미를 합창하고 있었다. 맑고도 투명한 드높은 목소리로…… 만 가지 생명들이 풍요의 대축제를 열고 있었다.

이래도 되는 것인가? 내 입에서 쓴물이 돌았다. 봄이 그렇게 뻔뻔

해 뵈고 징그러운 느낌은 처음이었다. 그리고 눈을 깊게 감으며 해독했다. 내 앞에 펼쳐진 우주의 상형문자를.

　—아, 지상의 모든 새 생명은 주검을 먹고 태어나는구나!

　팔에, 손등에, 발목에, 오줌통에…… 무려 한 다발쯤의 주사 줄을 온 몸뚱이에다 매달고 거의 벌거벗겨진 채 중환자실로 실려 가던 여인, 입관하기 전 통유리 한 장 밖에 검은 옷의 우리를 세워 놓고, 장의사는 갓 냉동칸에서 꺼낸 부모님의 옆얼굴을 보여 주며 염습을 진행하고 있었다. 이생에 육체를 갖고 살다가는 자의 마지막 장이 어떤 것인지, 얼마나 처참한지 실연하고 있었다. 너무나도 적나라하게.

　몇 개의 죽음들이 그렇게 내 뺨을 후려갈기며 내 생을 가로지른 다음, 흡사 빙의憑依된 듯 내 입은 지워지고, 바라보는 세상의 풍경들은 이전의 그것이 아니었다. 논물 찰랑이는 초록 무논에 거니는 새하얀 백로, 일몰 무렵 기차의 창으로 전개되는 만추의 들녘 나락 색깔들은 돌아보고, 또 돌아보고 가는 그 사람인 듯, 눈에 밟히고 아름답기가 치명 빛이었다.

　그리하여 시는 내게서 씌어지는 것이 아니고, 뭉클뭉클 터져 나오는 것이다.

 일찍이 여행 동료들 사이에서 나는 숄을 즐겨 사는 여자로 불리었다.

 터키의 이스탄불 소피아 아침사원 앞에서 사 두른 긴 망토로부터, 구도자의 도시 바르나시의 저녁거리 릭샤를 타고 가면서 마주친 인도여인들의 사리 차림에 매료되어 검은 바탕색에 아라베스크 문양 수놓인 우아한 숄, 공항서부터 마담! 마담! 불러 세워지며 머리카락을 내보이지 않기 위하여 사 두른 희고 검은, 얇다랗고도 긴, 10여 년이 넘은 지금도 즐겨 애용하는 이란의 이스파한호텔 숍에서 산 면소재의 숄, 소실점이 안 뵈던 남태평양 창창한 바닷물 같은 칠레의 청람색 숄 따위…….

 그러나 아프리카 마사이마라 여인들이 한 알 한 알 손으로 꿴, 그대로 탄성이었던 화려한 원색 구슬팔찌들과 함께, 그리 즐겼던 액세서리들이 내게서 거두어지고 있다. 사진 속에 남은 그때의 여행 동료들의 얼굴이 하나 둘 명부를 달리하듯이.

 둥글게 일으켜 세웠던 봉분들 주저앉듯이, 인간의 일생이 평토화가 예약된 봉우리 일으켜 세워져 있는 그동안이라는 것을 알아차렸기로, 나는 사람들과 비벼지는 대신, 자주 어둠 속에 서 있곤 한다.

낙타에 실려 밤길을 가던, 예언자이기도 했던 페르시아의 옛 시인들처럼 별이 산란하는 하늘을 올려다본다.

보이는 소란한 현세를 넘어, 장렬하고 불가사의한 우주의 문장 속에서 인간이라는 위태한 가건물, 이 덧없는 존재의 슬픔을 넘어서고 싶어서.

(문예바다, 2018)

불 꺼진 집

내가 지은 나의 작은 집은, 마을버스를 내려서도 산모롱이를 감아 10여 분을 걸어서 올라가는 산마을 언덕 위에 있다.

은발 뒤섞인 머리카락을 쓸어 올리며 그만 사람을 넘어서, 흙과 나무, 새소리들과 살고자 했던 내 늦은 꿈과는 달리 집은 태반이 비어 있지만, 어쩌다가라도 나날이 더 바짝 발목을 채는 일상 어렵게 차고 와서 첫 창문을 젖힐라치면, 나는 번번이 터져 나오는 감탄사를 어쩌지 못하곤 한다. 무성한 침엽수림의 나지막한 산을 등에 지고 두엇의 봉분들과도 이웃한 개울 건너 한 채 시골집이 있는 풍경으로.

경운기를 세워 둔 천막도 잇대어진 그 소박하기 이를 데 없는 남향집은 언제라도 환한 햇빛 속에 있었고, 처마 밑엔 가득 쌓은 장작과 올망졸망한 장독대들이 너무나도 청결하게 사람 하나 안 섞인 무공해 햇살 함빡 받으며 반짝대고 있었으므로. 또한 쑥이며 할미꽃들 우북우북한 두어 마당 풀밭들을 지나 이웃한 것이 사뭇 보드랍고 따사로워 뵈는 잔디이불에 덮인 봉분들로, 삶과 죽음의 경계가 무슨 슬픔인 거냐고, 무위의 만족과 평화를 너무나도 쉽게 설법하고 있었으므로.

그러나 내가 지은 집이 나 없이도 저 혼자 늙어 가는 세월이 쌓여 가고, 내게 감동이었던 햇빛의 축복 속에 영원표 행복처럼 반짝대던 개울 건너 그 환한 풍경의 내용도, 실제론 멀리서 내가 읽었던 대로 단순하고 여일하지 않다는 것을 알게 되었다.

마을이 서울에서 한 시간 조금 지나는 거리며, 그것도 강을 따라드는 위치이므로 상주해 사는 집들보다는 나처럼 간간이 왔다 가는 사람의 집들이 많아서, 해가 지면 너무 쉽게 어둠에 휩싸이며 적막한 것이 흡사 옛날 어느 깊고 깊은 이야기 속의 산골마을인 양 변신하는데, 늦게야 도착해서, 혹은 간간이라도 불을 밝히며 깨어나는 창문들과는 달리, 내게 감동이었던 유난히 찬연한 햇살축복 속의 그 집은, 밤이면 영영 깨어날 줄 모르는 암흑, 불 밝히는 이 없는 써어늘한 주검계(界)에 속해 있음을 발견했다. 어쩌다 내가 창문 환히 붉은 내 집을 두고 나와, 밤이 당도한 마을길을 혼자 배회하고 있을 때.

그러니까 그 집은 기실 산 아래 주인이 빠져나간 지 오래인 빈 무덤, 밤이면 천지간에 만재한 다만 굳게 입을 닫은 칠흑 주검이었다.

잔디밭 아랫마당의 나무 아래 뼛가루로 묻은 부모님께, 김 오르는 따뜻한 떡국을 해드리기 위해 시골집에 온, 설 전날의 저녁이다.

문득 개울 건너 죽은 집 그 창문에 야행 짐승의 눈인 양 켜진, 작은 불빛을 발견했다. 신비감과 함께 따스한 안도 같은 기운이 이윽고 나를 타고 번졌다. 망자의 아이들이 부모님을 찾아 어김없이 돌아온 것이다. 아니, 아니 오래 죽어 있었던 저 창을 물들인 저 불빛은, 스무 걸음쯤의 밖 저어기 봉분 아래 흙을 덮어 눕혔던, 장작을 패고 항아리를 닦던 그 집의 주인들이 기쁨으로 총총 익숙하게 돌아온, 혼불일 수도 있겠구나, 어쩌면! 싶어지며 겨울밤 언덕 위의 커다란 유리창 앞에서 내 고개가 끄덕여진다.

저렇게, 저렇게 기억하고 이어지면서 벗어 버린 육신의 후에도, 조금씩 튼실해 가는 뿌리가 있겠구나! 내 마음속에 문득 자리해 오는, 목울대 찌잉~해지는 한 긍정과 함께.

너무 오래된 인연

오래전 어느 큰 절에서 떠나는, 명찰 순례를 따라간 적이 있다.

첫새벽 4시에 출발한 버스 안에서는 큰스님의 법문이 담긴 녹음테이프가 마치 새벽예불시간인 양 풀려 나오고 있었다.

"……부부란 게 무엇인고 하면, 전생의 원수가 서로 만나는 것이여."

헬 수도 없이 반복되는 남편이란 자의 상상을 초월하는 탈선과 인면수심의 가해행위로, 반생 넘게 칠흑 밤길을 매양 넘어지며 걸어채이며 걸어온 한 여인의 박복한 삶을 들어 인연법을 설법하던 그 노스님의 말씀이 왜, 살아온 길이 가야 할 길보다 더 길어질수록 회한처럼 이리 자주 떠오르는지.

오직 한 이성만을 선택해 평생을 함께하는 일부일처제가 인류사회에 정착한 것은, 평균수명이 현대인보다 3분의 1밖에 안 되던 시절의 것이었었다는 텔레비전 극 속의 대사가 아니라 해도 한 남자 한 여자가 장장 여든 살, 아흔 살이 되도록 5, 60년 동안을 한 공간 속에서 붙박이로 산다는 일이 얼마나 많은 문제를 내포하고 있으며 힘이 드는 방식인지, 고통에 찬 질문들을 도처에서 만나고 있다.

해방 무렵 청년기에 마르크스사상을 추종하느라 뿌리가 내내 허공에 들려 있었기로, 내 성장기 전부를 샅샅이 뒤져 봐도 처자식을 위해 무슨 경제활동을 한 기억이 잡히지 않는 나의 부친은, 내 나이 일곱 살에 붉고 붉은 치명낙인까지 찍어서 전쟁의 뒷마당에다 처자식들을 내던져 두었다가 얼굴조차 알아볼 수 없는 무려 15년 후에야 돌아오셔서는 올해 춘추 87세에 드셨다. 당연히 다 죽었으리라 믿었던, 젖먹이까지 딸린 어린 자식들을 전후의 아수라 속에서 어기차게 끌어안고 살아남아 준 86세의 모친을 기가 막히게도 지금 고문 중이시다. 밥상만 물리면,
"여보, 당신 여기 좀 앉아 봐!"
모친을 불러 앉혀 놓고는 아주 차분하게, 친절한 수위도 갖다 붙이고 위층의 노인회장도 끌어다 대며, 바람피우고 온 사실을 자백하

라고.

　암흑하고 무도하기 이를 데 없는 시대의 이 나라 좌파, 그늘 깊었던 그의 생애 중 참으로 귀하게도, 그냥 누리기만 하면 좋을 평화와 충족의 마지막 시간이 주어졌는데도, 기가 막히게도 자신이 작성한 치밀한 지옥도에 갇혀 날이면 날마다 어머니의 치맛자락을 휘감는 것이다. 누구의 얘기도 다 헛소리로 쳐내면서 흙탕수렁을 허우적대고 있는 것이다. 날마다 고맙다 업어 주고 안아 주어도 아깝지 않을, 천금보다 귀한 자신의 아낙을 두고.

　일이 터질 때마다 불려가서는 귀가 비명을 지르도록 그 진상과 하소연을 듣고 난 후, 그러나 내가 모친을 위로하는 말은,

　"엄마, 정말이지 부부가 전생의 원수였었다는, 불가 쪽의 말이 맞나 봐. 그러길래 다소 정신이 흐려졌기로서니 아버지가 하필 저런 죄목을 덮어씌워 엄마를 괴롭히는 것이지. 그러니까 엄마, 내가 저 사람에게 전생에 엄청 큰 빚을 졌었다고 대범하게 받으며 마음 찢기지 마세요."

그런 따위 말 외엔 남편 없이 넷이나 되는 자식들을 끼고, 저 비바람 몰아치고 배고픈 5, 60년대를 이과수의 칼새처럼 혼신으로 뚫어 온, 모친의 허탈과 분노를 위로할 말이 더 어디 있겠는가?

　아무리 제정신이 아니라 해도 그 황당한 생각의 저변, 그 무의식

조차 용서가 안 되는 것이다. 백 번 그렇다 쳐도 자신이 아낙을 치죄할 자격조차 없다는 걸 모르고 있다니!

　슬픔 아닌 시선으로 그 어느 시점도 돌아봐지지 않는 성장기의 기억을 가진 나도 또한 마찬가지다. 만약 의심받는 그 내용대로 벼랑 끝 그 시절을 조금치라도 살았더라면, 한참 고왔을 모친의 젊은 날과 우리들의 삶이 조금은 덜 위태하고, 덜 슬펐을지.

　오늘도, 내일도 일 년 후도, 10년 후에도 변함없는 거기 그 자리 매일 보는 꽃이 꽃이던가?
　오래 입은 옷, 오래 신은 신발은 더할 수 없이 편안하다. 그러나 너무 편안한 것은 때로 지겹고, 누추해 뵈지 않던가? 그러므로 함부로 대하게 된다. 그것은 누가 뭐래도 죽는 날까지 공인받은 소유물이니까.
　모든 관계는 예외 없이 적당한 간격이 필요하다. 그 적당한 거리가 유지될 때 아름다움이 피어나고 그리움이 성립되는데, 모든 약점과 갖은 치부가 모조리 까발려지면, 한 겹 가죽껍데기 안에 내재된 짐승성이 눈을 빛내는 때가 닥치고, 상처와 균열의 통증으로 비명을 지르게 되는, 그렇게 하릴없이 무너져 내리는 허망하기 이를 데 없는 인간, 그 한 생애의 탑 쌓기.

오래도록 억눌리고 세습되어 온 불평등과 불공정의 폐습사회와, 국가와 민족을 차별 없는 세상으로 끌어올리고자 몸 던진 부친의 푸른 이상은, 어린 날 그것으로 참담히 희생되면서도 아름다웠다. 배가 고프고 헐벗었어도 멀리 어딘가에 있는, 관념의 아버지는 모친과 우리들의 뵈지 않는 긍지고 희망이었다. 거기까지였으면 좋았을 뻔했다. 인연이 너무 길었기로 불행인 것이다. 그거밖에는 못 되는 게 인간이니까. 사람살이의 허망한 그 발견이 무엇보다도 요즈음 나를 쓰라리게 한다.

아무리 마주쳐 대도 더는 인화[人和] 불가능한 너덜너덜 닳아 버린 벽이면서, 집착만 어기차게 남아 성냥개비들을 완강히 가두고 있는 시효 마감된 성냥갑이 될 때까지, 그 자리 끄떡없이 도덕적이라는 이름으로 버티는 부부들이 이 땅 위 얼마나 많은가? 살아있는 것은 무엇이나 앞으로 나아가고자 하는 본능을 가지고 있는데도.

인생, 그 기나긴 주행

갖은 불평등이며 불공정, 야합이 만연한 세상을 살아가면서 그래도 인생이 살아 볼 만한 것이라고, 어쩌다가라도 내가 고개를 끄덕이는 것은, 그나마 그것이 길고 긴 마라톤이라는 점이다.

누군가는 벌써 저어만큼 앞쪽 지점에서 출발하거나, 어떤 사람의 길은 애당초부터 반듯하고 완만한 포장도로인 반면, 다른 이의 길은 자칫 발이 걸려 넘어지거나 미끄러지기 일쑤인 경사의 비포장 단거리경주라면, 한세상 산다는 것이 얼마나 어이없고 기막힌 노역에 불과한 일이겠는가?

7분, 15분, 드물게는 20여 분까지도 지붕도 없이, 바람이 불거나 비가 오거나 한데서 마냥 기다리는, 국철을 이용해야 하는 동네에서 살았던 적이 있다. 특히 삭풍에 눈보라까지 몰아치는 겨울날 같은 때, 꽁꽁 얼어 귀가한 아이들이 팽배한 불만을 토해 놓을라치면, 매번 내가 하는 대답은 한결같았다.

"기다리는 것도 인생이야."

태반이 억울함이 연료인 세상살이에 쉽게 탈락하고 좌절하지 않게 하기 위하여, 나는 어린것들을 일상 속에서나마 내 나름대로 연마하고 있었다고 말해도 좋으리라.

젊은 날 체중을 말리고 진한 눈물 흘리게 했던 세상사 뭐 달라진 것도 없지만, 이 나이쯤에 와서 내가 그래도 웬만큼은 마음의 평화를 체득한 것은, 그만큼 견디며 기다릴 줄을 알았다는 얘기가 아니겠는가.

온갖 편법이며 능란한 장사치적인 처세에 내가 선 줄의 순서는 매양 그대로였고, 헬 수도 없이 피 흘린 패자였어도 그 일들이 부당했기로, 그것이 소화되지 못하고 한사코 쌓이고 뭉쳐서 못 견딜 내압이 되었기로, 주저앉지 못하고 막차로라도 달려올밖에 없는, 동력이 아니었겠나 싶다.

그러기 위해선 시간이 필요한 것이다. 사실 인생의 초반기는 자신의 능력으로만 사는 게 아니기도 하다. 태어난 기반이나 부모의 영향력이 승패를 크게 좌우하는 게 사실이니까. 그러나 언젠가는 그

성능 좋은 기득권이 철통 보호막이 되어 주지 못하는 때가 도래한다. 혹독한 겨울벌판을 혼자 건너게 되는, 그때에야 피와 땀으로 짓지 않은 가건물 인생들은 힘없이 무너져 내리고, 진실의 몫을 가로채고 세상의 질서 농락하던 가짜들이 두터운 화장 밑의 추악한 본색을 드러내는 계절이.

세상의 끝을 볼 듯 쳐 대는 천둥과 벼락, 폭풍우며 태풍들을 접해 볼 기회 없이, 항상 따숩고 언제라도 당연히 안전한 온실에서 웃자란 식물들은 겨울 동안 너무 쉽게 죽어 가도, 가릴 것 한 장 없어 오직 맨 몸뚱어리로 죽을 만큼 힘들게 버틴 나무들은, 길 없는 땅 밑 더듬더듬 피 흘리며 뻗어 갔던 뿌리의 힘으로 솟구쳐, 찬란하게 새봄을 다시 맞지 않던가.

무릇 땅땅 언 동토에서도 죽지 않는 뿌리를 갖게 하는 힘은, 결코 주저앉을 수 없는 부당함에 대한 저항의 뜨거운 불기둥이거나, 오랜 체험의 담금질에 기초한 의지일 것이다. 그러므로 속단하지 말 일이다. 누가 얼마나 오래, 반드시 끝까지 가는지는 오래 두고 보아야 할 일이다.

봄 여름 가을 겨울, 장장 사계의 굴절을 지닌, 인생이 단거리 아닌 긴긴 마라톤이라는 사실은, 그러므로 위로가 되는 일이 아닐 수 없다. 선택 불가능한 악조건에서 출발하거나 가다가 엎어진 패자들도 다시 일어나 달려 볼 수 있는 기회가 주어지는, 인생이 그나마 긴 주행거리라는 사실은 그중 얼마나 다행한 일인가.

    신전 경배하듯
    이른 봄부터 매일같이 돌밭 일구어 낸 사람
    어느 날 허수아비로 허적허적 등 돌려보내고

    들깨 고춧대
    쭉정이들만 비틀리는 길섶 언저리
    잎사귀 가장자리 말아 오는 가방 든 계절 휘감으며
    세상에나! 다시금 열매를 단 호박덩굴
    맺히는 족족 꼭지 썩혀 사산시키고 말던 폭우게릴라며 태풍
    우기 지나간 다음

    쑥대밭에서 쓰네
    피 엉긴 무르팍 들어

    — 마라톤 아니었니? 산다는 일은

물기 거둔 저 줄기

척추 불구된 희망 널브러진 주검들 타고 넘으며

— 졸시 「다시 쓰네, 쑥대밭」 전문

눈보라

　새로 넘긴 캘린더엔 연둣빛 새싹들이 돋아나고 내일이 개구리가 동면을 끝내고 나온다는 경칩이라는데, 저물 녘 내 서재의 통유리 창 밖에는 돌연 세상을 하얗게 휘덮으며 눈이 내리고 있다. 선뜻 지나가는 폼새가 아니고, 그 촘촘하고 무성하기가 흡사 한겨울을 뺨치고 있다.
　나는 금세 주방으로 가, 더운 차 한 잔을 만들어 두 손으로 싸안는다.
　이렇게 갑자기 흰 눈이 지천이던 날, 전화해야 할 사람이 있으니 하던 통화를 끊자 하던, 어느 해 전의 한 여자의 어처구니처럼, 많은 사람들은 방금 전까지 속해 있던 현실을 떨치고 나와, 순식간에 열어 주는 몽환의 풍경화 속으로 환상여행이라도 떠나고 있을까?

내게도 저리 아득히 쏟아지는 눈을 배경으로 한, 조금은 아름다웠을 낭만의 기억이 감아 온 생의 어느 갈피쯤엔 하마 끼어 있기도 하련마는, 웬일일까? 애틋한 그런 유의 감상들 다 젖히고 유독 선연하게도 다가오는 장면은, 눈 못 뜨게 몰아치는 눈보라 속 울부짖는 갈대들의 황룡강변을 가던, 열댓 살 즈음의 한겨울 날인 것은.

바로 이맘때쯤이었을 거다.

아마도 고모 집에서 봄방학을 지내고 집으로 돌아가는 길이었던 듯한데, 마을을 벗어난 지 벌써 오래인, 망망히 펼쳐진 들판을 젖히며 줄곧 한 줄기로 이어지는 강변길을 가고 있었다. 학생복 외엔 더는 아무것도 덧입은 것 없이 사선으로 기습하는 눈보라에 온몸을 갈대밭처럼 뜯기면서.

그 끝날 것 같지 않게 이어지던 폭설의 봇둑 한가운데쯤에서였다. 줄이 되어 내 앞을 가시던 한 할아버지가 갑자기 걸음을 돌리시더니, 자신의 두루마기 속 무명목도리를 빼내어, 사시나무로 떠는 내 목에다가 둘러 묶어 주는 것이었다. 무차별로 얼굴을 때리는 눈발 속에서 말씀이라곤 한마디도 없이.

그분은 마을을 나설 때부터 어슷하게 출발했던 듯한, 바로 아랫집에 사시는 고모네의 친척이셨고 손이 그리 귀했던 고모 댁과는 달리, 여러 아들들에 너무 많다 싶은 손자들을 두고 계셨으나, 집이 겨우 듬성한 싸리 울타리 한 장 건너일 뿐인데도, 이상하게도 말소리를 거의 들어 보지 못했던 할아버지였다.

그 모진 강바람에 날아갈 듯 가련했던 그 소녀가 자라 머리카락이 세어 가는 세월의 뒤에서도, 몰아치던 눈보라 속을 혼신으로 디뎌 가던 절망의 보행과 함께, 무심한 듯 베풀어 주던 촌부村夫의 체온 묻은 따스한 온정 하나를, 이리도 생생하게 데려오고 있는 연유는 무엇인가?

전후의 부친 부재인 내 성장기. 그 위해의 세상에 눈보라 덮쳐도, 비바람이 기습해도 한 장 교복 외엔 어린 몸을 보호해 줄 누구도 아무것도 더는 갖지 못했으므로, 응석이라고는 부려 본 적 없이 자란 나는, 돌아보면 개 같은 시대가 유기한, 한 그루 애처로운 겨울나무였다.

운전대를 잡고 있을 때마다 틀어 놓는 FM방송에서 들은 적이 있다.

가방만 보면, 구체적인 목적이라거나 계획도 없이, 병적으로 사

대는 어떤 여자의 얘기를. 그렇게 사고 또 사들인 가방이 장롱 속을 넘쳐나, 더 이상은 가족에게 안 들킬 방법이 떠오르지 않자, 여자는 그 넘쳐나는 가방들 앞에서 망연히 생각했다는 것이다.

나는 왜 이렇게 가방을 사는가? 왜 무턱대고 가방만 보면 사고 싶은가를. 그리고 골똘한 물음 끝에 유추해 냈다는 것이다.

―아, 나는 떠나고 싶었었구나! 떠나고 싶을 때마다 가방을 샀었던 거로구나! 하고.

나에게도 한 가지 편집증세가 있다.

평소에 사람 많고 소란한 곳이 싫어서, 유행이나 새 물건에 대한 욕망에도 줄서지 않고 비교적 쉬이 지나치는 편인데, 이상하게도 목에다 감고, 두르는 숄 종류를 보면 특별히 설레 오는 충동을 느낀다. 보세상가, 인사동, 동대문 어디를 가리지 않고 그 증세는 발동하고, 외국여행 길에 오를 때에도 빠뜨리는 법이 없이, 그 나라 풍의 숄을 꼭 한 장씩은 사 들고 오는 버릇이 있다.

가을날 이스탄불 아침사원 앞에서 산, 기다란 판초 모양의 숄로부터 시작해서 인도, 이란, 칠레, 네팔, 아프리카 할 것 없이. 그리하여 여행 동료들은 내가 끼지 않은 여행지를 돌다가 뭐 그럴싸한 숄을 볼라치면,

"안영희가 왔으면 이건 분명 안영희 건데."

했다고도 할 만큼.

그렇다면 유별난 내 편집의 무의식은, 어쩌면 보호벽 없이 견뎌온 성장기의 사무친 추위에서 비롯된 것이라, 설명되는 것은 아닐지?

만두

 무심코 벤치에 앉을라치면 보게 된다, 어디서라도 어렵지 않게. 저 높은 곳에서 누군가 휘휘 휘뿌린 듯 키 낮은 생명체인 참새 떼를. 그리고 겨우 돌배기 아가 주먹만큼밖에 안 돼 보이는 그 작은 날짐승이 얼마나 쉬지 않고 땅을 더듬으며 쪼아 대고, 동그란 몸뚱이의 선이 또한 얼마나 앙증맞고 예쁜지, 어느샌지 미소 지으며.
 그러나 그럴 때마다 예외 없이 내 마음에는 분홍빛 찡한 연민의 물살 한 줄기가 인다.
 저리도 작은 생명을 부지하기에 필요한 양의 먹이란 대체 얼마 만큼이기에, 싹싹 쓸어도 좁쌀 한 톨 없을 것 같은 청소 너무 잘 되어 있는 아파트의 콘크리트마당까지를 저다지도 촘촘히 쪼아 대야 하는지? 지상에 예외가 없는 생존의 고달픔이 측은하고, 방어할 아무런 무기도 없이 그저 보호색 털이나 입고 태어난 작고도 연약하기 비길 데 없는 목숨까지를 잡아다 배를 갈라 석쇠에 올린 '참새구이'며 그 실 같은 빈약한 다리를 아무런 죄책감도 없이 뜯었던, 우리들의 배고픈 지난 시절과 다른 어떤 생명체가 지닌 기본적이 존엄성을 생각하거나 죄의식 따위 전혀 깃들 여유가 없었던, 내가 자란 절대빈곤의 황무지시대가 연이어 떠오르곤 한다.

 덮친 전란의 직격탄을 어이없게도 어린 내가 맞아 시골 남의 집에 얹혔던 유년을 청산하고 중학교를 가기 위해 마침내 어머니와 형제들이 있는 집으로 돌아왔으나, 일곱 살에 떠나 단 한 번도 세상 밖으로 나와 본 적이 없는 나는, 태어나고 뛰놀았던 고향도시 그 어느 거리, 어느 향방도 온통 깜깜할 뿐이었다. 그렇게 갈 데 없는 시골뜨기인 나를 위해, 입학한 중학교까지 며칠 동안을 길안내를 맡아 해 줄 사람이 필요했다. 보호자인 어머니는 나 하나의 한가한 어머니가 아니었으므로, 고심 끝에 어머니는 어쩔 수 없이 이웃에 사시는, 오 할아버지라는 분께 내 길 안내 역할을 부탁하신 것 같았다.
 부재의 우리 아버지의 스승이라는 오 할아버지는, 힘든 그 시절 양동시장 뒷동네 유난히도 긴 골목의 누구네 집 문간방을 빌려 한

약봉지 같은 것을 주렁주렁 걸어 놓고 겨우 생계를 해결하며 혼자 살아가시는 듯 했다.

학교가 끝나고 집으로 돌아오는 길은 언제나 배가 고팠다. 두리번 두리번하시던 할아버지는,

"그래, 여기로구나!"

혼잣말을 하시며 충장로의 어느 만두집으로 날 데리고 들어가셨다. 그리고 그 며칠 동안 할아버지는 한결같이 딱 두 개씩만 만두를 시키시곤 그중 하날 내게 나눠 주시며, 말씀하시는 것이었다.

"점심이란 말이다. 점만 찍으면 된다는 뜻이어서, 점심이라고 하지."

일본 명치대학인가 하는 곳의 유학생 출신의 유식으로 채 채워 주지 못한 나의 배고픔을 설득하려 드시곤 했다.

열두 살, 그 어린 계집애의 배고픔이 저 참새들만 한 것이었을까? 그 작은 배도 채워 주지 못한 우리 아버지가 목숨을 건 무슨 주의, 무슨 사상들이란 죄다 무엇이었더란 말인가?

새들은 나뭇가지의 맨 꼭대기 위태위태 흔들리는 우듬지에다 진종일 한 낱씩 입으로 풀잎이나 나무의 잔가지를 물어다가 둥지를 짓고, 이과수의 칼새는 찰나에 박살낼 듯 길길이 천둥치는 폭포를

질러 폭포의 바로 뒤 바위벽에다가 지어 붙인 둥지로, 하루에도 수십 차례 목숨을 걸고 새끼들의 먹이를 물어 나르는데, 아니 지상의 아무리 하찮은 어느 곤충, 하찮은 짐승도 제 새끼들을 위하여 필사적으로 먹이를 구하는데, 제 자식을 유기한 인간의 부모, 제 백성을 먹이지도 못한 인간세상의 위정자들이었을 것이다.

내게 처음으로 냉소를 가르쳐 준 이들은.

선물

설날이면 동이 트기도 전부터 세배객들 하얗게 밀려들던 종가의 안방에, 늦은 아침이 되도록 나는 모기장 안에 누워 있었다. 머리카락 모시올 되어 흘러내리도록 안채 사랑채 외양간 우산각 할 것 없이 터엉 텅 빈 큰집 홀로 지키시던 고모마저 돌아가신 후, 몇 해째 비어 있는 집. 꽃자주 깃을 댄 초록색 명주이불이 시집올 때 그대로 곱다랗게 올려져 있던 고모의 손때로 반질반질 윤이 나는 대나무시렁 올려다보며. 사람 떠난 지 오래인 시골집답게 극성을 떠는 모기들을 피해서.

국민학교를 마칠 때까지 어린 나를 키운 안방. 그 아래 엎드려 숙제를 하다가 저녁을 짓는 시간이면 어김없이 들어다가 아랫목의 움푹 파 손바닥만 한 유리를 댄 흙벽에 가져다 놔야 했던, 부엌과 함께 나눠 쓰던 흰 사기등잔불.

댓잎파리를 넣어 바른 퇴색한 한지의 뒤 창살문과, 장화홍련전 낙랑공주와 호동왕자 따위, 중학생이 된 후 방학 때면 와서 뒤져 내려오던, 누렇게 퇴색한 소설책이 있던 고모의 벽장을 감개에 젖은 채 바라보고 있는데, 세상에! 난데없이 여엉희야아~ 여엉희야~ 저 어린 날처럼 내 이름을 불러 대는 소리가 우렁우렁 고요한 작은 동네를 온통 울려 대고 있었다. 그러더니 잠시 후 돌아가신 지 20년도 넘은 고모부의 문패가 걸린, 삭을 대로 삭아 비스듬히 기운 대문으로, 중년의 사내애들 셋이 제 아낙들까지 동원하고 왁자하게 들어서는 것이었다.

그러니까 그중에서도 가장 큰 소리를 내는 쪽은, 국민학교 내내 내 가방을 들어다 주었다는 진이다. 한 떼거리가 되는 동네 남자애들 중에서 가장 큰 덩치였었던.

"니 가방 들어다 주느라고 야, 저 새끼 가방은 졸업할 때까지 죽어라 내가 져 날랐당께. ……야아, 너는 그거 기억 안 나냐?"

애들 중에서도 키가 젤 작았던 아이의 말을 들었다. 머리카락들 희끗희끗해서야 만난 바로 어제께야. 물론 내겐 전혀 기억이 없는 일화였지만 이리도 많은 세월이 흘러서 간 후 단발머리 나풀대던 그 풋 어린 날들의 이야기는 얼마나 나를 즐겁고 따스하게 만들어 주는지! 그런 이유로 동창들에게 진이는, 내 영원한 가방돌이라고 불리는 소꿉친구다.

"야야, 너 지금까지 뭐 하고 있는 거여? 우리랑 산골저수지로 우렁 잡으러 가장께에."

아 산골! 산골은 내 어린 시절의 봄날에 마을 처녀들을 따라 언덕의 연푸른 삐비풀을 뽑아 먹으며, 똬리 튼 배암에게 혼비백산하며 나물을 캐러 다니던 산 구비 돌아 돌아서 가던 외지고 청정한 푸른 골짜기가 아니던가!

한 40년의, 이다음 세상엔 한 줄 자동차도로가 났으되 종일토록 오가는 차도 사람도 한 점 안 뵈는데, 저 혼자 어딘지도 분간 못하게 우거진 풀숲들 사이 절골댁, 용산댁, 등림양반, 양림양반…… 그때의 마을 주민들은 모조리 명부를 옮겨 와 봉분 아래 누워 있다. 내가 그 많은 길과 낯설고 거친 모퉁이들을 삶이란 이름으로 유전해 오는 동안.

산골의 저수지가에 자동차와 나만 남겨 두고 물속에 잠수하듯 들어간 그들은, 노래를 불러 대며 한나절 내내 나올 줄을 모르고 있는

데, 갑자기 거센 소나기가 몰아치며 그들의 모습이 전혀 보이지 않았다. 그러는데도 웬일인지 누구 하나 물가로 나오는 기척이라곤 없어 혼자서 안절부절못하고 있는데, 다행히 그 거친 기세만큼 언제였냔 듯, 소나기는 지나가고 다시 수면에는 아무 일 없었다는 듯 태평한 그들의 상체와 노랫소리가 들려오는 것이었다.

세상에, 나는 기가 막혔다. 그리고 물가만 오락가락 조바심 댄 내게 화가 났다.

'야 얼마나 재미있으면 쟤들이 저렇게 노는 거지?'

정신없이 따라나선, 긴 원피스 자락을 걷어잡고 나도 조금 더 깊게 발을 밀어 갔다. 맑은 물속에 검고 동그란 우렁들은 물론, 그 미끄덩거리는 뻘의 느낌이 8월 삼복에 얼마나 쾌적한지, 단순한 것이 얼마나 행복할 수 있는 요건인지, 온몸으로 체득하는 순간이었다. 그러니까 그들과 산골저수지는 유년서부터 둘이 아닌, 저희들 마당이고 한 몸인 것이었다.

"야, 니들 뱀이라도 나오면 어떡하려고?"

바구니 그득 채워 물속을 걸어 나오는 그들에게 내가 책망하듯 물으니,

"오오메! 그것도 잡아다가 남편 보약으로 들게 하죠 뭐."

냉큼 받는 진이의 아낙.

참 어이가 없기도 했지만, 진이가 나름 좋은 아낙을 맞았고 동질의 즐거움을 누리며 살고 있구나, 참 다행한 일이다 싶었다. 왜냐하면 유독 힘들었던 그 아이의 성장기를 나는 너무나도 잘 알고 있었으니까. 또한 그런 처지인 채로 내게로 건네준 그의 우정이 오래전서부터 얼마나 따뜻한 것이었는지를 아직도 기억하고 있으니까.

중학교를 졸업할 즈음이었던 듯하다. 전쟁이 깡그리 짓밟고 빼앗아 가 버린 폐허에서, 제대로 교과서도 못 갖춘 채 점심을 굶으면서 다반사로 시험도 못 치르고 쫓겨 돌아오면서도, 여하튼 나는 가방을 들고 학교를 다니는 학생이었다. 그러나 꽤 명석한 아이였다고 기억되는데도 진이는 진학을 못하고, 내가 매일 학교를 오가는 충장로에서 어린 나이에 점원 일을 하고 있었다. 그런 어느 날의 하학 길에 그 가게 앞을 지나려는데, 그가 나를 불렀다. 그곳에는 진이 말고도 예의 동네 애들도 두셋 더 있었고, 그들이 쑥스러워하며 무슨 꾸러미를 내게 내미는 것이었다. 아마도 중학교 졸업을 축하한다는 뜻인 듯싶은. 집에 돌아와 풀어 본 그 꾸러미 속에는 세상에나! 여학생용 초록색, 노란색의 양말과 손수건 따위들이 들어 있었다. 뜻밖에 받은 그 선물들의 산뜻한 느낌은, 훗날 더 훗날에 내 세계가 넓어지고 그때보단 훨씬 좋은 여건을 살면서 받았던 이후의 어떤 선물보다도 강렬하게, 내 기억 속에 한 장 너무나도 감동스런 장면으로 찍혀, 여직도 생생하게 숨 쉬고 있다.

　아버지가 없었고 늘 배가 고팠고 모든 것이 분노였던 시절인 까닭도 있겠지만, 우리들이 매일 책가방에 교복 차림으로 그 앞을 지날 때, 먼지떨이나 들고 있고 옷가지나 나르며 그것을 지켜보아야 했던, 그 어린 소년이 챙겨 준 선물이 어찌 감동이 아닐 수 있었겠는가?

　진이는 전 국토를 쓸고 다니며, 고령토 같은 걸 채취해서 파는 흙장사를 하며 산다고 했는데, 거칠고 역동적인 일을 하며 사는 사람답게 큰 목소리를 갖고 있었다. 내가 평소 가장 못 견뎌 하는. 그러나 그에게만은 나는 너그럽고 싶고, 단순한 행복을 누리며 사는 그의 삶을 늘 조용히 축복해 주고 싶다.

정금 正金

 그 늦은 가을날, 나는 좀체 마당가를 떠날 수가 없었다.
 데크의 그늘에다 접이식 의자를 펴고 더운 차 한 잔을 타 들고 나와, 읽다 만 산문집을 마저 읽을 참이었다. 한나절 배드민턴을 쳐도 좋을 만큼 넓고 잘 마른 데크의 나무질감까지도 모처럼 목가적 휴식감을 주는, 하늘 청명하고 햇볕도 알맞게 따사롭던 그 가을 한낮. 가지고 나온 책을 조금 읽다가 서울 나가는 기차를 타기 위해 이내 시간 맞춰 마을버스 정류장으로 걸어 내려가야 하는데도, 나는 정작 책에 집중하지 못하고 있었다.
 그 책은 내가 평소 상당히 좋은 작가라 인지하고 있는 저자의 것으로, 시적 서사며 부담 없이 읽히는 문장들로 어디를 펴도 가만가만 끌려드는 흡인력이 있었는데도.

탁! 타악! 타다닥……. 연잇는 알밤 치는 소리에 흡사 열여섯 소녀처럼 마냥 터지는 웃음을 참지 못하며 내 몸은 반사적으로 마당으로 달려 내려가고 있었으므로. 하늘은 청청하고 바람까지 적당히 온유하게 감기며 불어오고 있었다.

오머! 또? 또오……야? 너무나도 확실하고 명징하게 대지를 난타하는 마당가 밤나무의 알밤 치는 소리는 무상의, 얼마나 기분 좋은 정금正金의 울림인가.

그러니까, 그것은 감동이었다.

얼마나 오랫동안 난 감동에 굶주려 왔었는지!

대저 우리가 죽자고 머릴 박은 일상, 혹은 사람들과의 관계 속에서 그 낱말이 휘발된 지는 정말이지, 그 얼마나 오래되었는지? 한 낱도 남김없이 제 바닥 흰 속살까지 까뒤집으며, 가진 것을 몽땅 던져 바치는 헌신이라니!

우리가 함께했던, 우리가 사랑이라고 쉬이도 믿었던 관계들은, 정말 사랑이었을까?

헤어지면 이내 사로잡히고 말던, 흡사 입안 가득 모래가 물린 듯 답답한 갈증이며, 더욱더 어두워진 마음의 조도照度 속을 번번이 헤

맨 것은, 사랑이라는 낱말로 포장한, 단지 사용들은 아니었던가?

　우리가 사는 시대의 삶이 구획정리 반듯 분명한 논밭같이 단순평면이 아니어서, 유일지순, 지고지순의 값까지는 요구할 수 없다 할지라도 만고불변, 헌신이 없는 감동은 없고 감동이 없는 사랑은, 사랑이 아닌 것이다.

　거무튀튀하고 거칠기 짝이 없는 둥치에 뭐 지상에서 저 혼자 열매를 품는지 별나게도 어떤 송이는 무려 3천 개의 가시를 세워, '다가오면 찌를 테야!' 소리치는 듯 서슬도 삼엄한 장벽 안 깊숙이, 꼭꼭 도 숨겨 오더니 마침내 속살 중에 속살 차마 아까운 속살정수의 열매도 이제 다 익었다며, 내어주고 있는 것이 아닌가! 남김없이 바치고 있음이 아니겠는가! 단단하고 둥글게 더 갈 데 없이 익었으므로, 이 청명한 가을하늘 아래 팔매처럼 휘익, 휘이익…….

　그러므로 한 번도 눈여겨볼 일 없었던 그저 피고 지는 색 고운 목숨들 뒤에서 거무뎅뎅 버석하게 뒷자리나 지키던 모양새라곤 하나 없는 배경나무는, 줄곧 우직하게 선 그 자리 있어도 보이지 않던, 슬프고 묵묵한 바보은자였던 것이다. 지금 내 영혼의 중심자리를 저리 통렬하게 치며 쏟아 주고 있는, 제 열매가 지상의 양식이 되기까지.

 해가 지면 가차 없이 깨어나는, 천지간에 등 기댈 데 없는 허기로 갈구했으나, 사람과의 관계 속에서 이내 쓰디쓰게 거두어들이고 말던 그 감동, 눈물겨운 정금이었던 것이다.

이별에 대하여

 안고 왔던 그를, 따스한 그 체온을 놓고 나오는데 이리 힘들 수가 없다. 설명을 끝낸 수의사에게 애를 건네주고…… 그 방으로부터 짖어 대는 소리 잦아들고…….
 아아, 그 아이가 갔구나, 상황 종료를 감지하면서 겨울거리를 걸었다. 얼굴을 치는 찬바람 속을.

 당신은 어찌 이렇게 빚어 내어 놓으셨나? 그 목숨 금방 허물어 못 쓰게끔, 정신을 거두고 욕망만 최종적으로 남아 허우적대게끔……. 이 세상에 몸뚱이로 빚어진 한 생명체의 종말이, 그 내용이 목안을 뜨겁게 해서. 그래도 손을 놓아야만 하는, 버리고 돌아서야만 하는 존재의 비정과 무력이, 생멸의 하찮음이 마음을 쳐서.

눈멀고 귀먹고 똥오줌 못 가린 지 오래인데도, 한밤중이면 몇 차례고 깨어 수면을 찢어발기는데도, 그 애의 부드러운 털에 얼굴을 비비며 차마 놓아 버리지 못했던 우리 강아지 똘망이.

뒤늦은 유학 비자를 받아 놓고 딸이 안고 들어온 어린 푸들은, 주인이 입원시켜 놓고 끝내 찾아가지 않아 동물병원에 버려졌던 아이라고 했다.
나는 그의 이력이 마음 아파서 눈 마주칠 때마다 쓰다듬어 주고 품 안에 안아 들였지만, 종의 특성인지 애는 청결했고 애쓰지 않아도 사랑받을 줄 아는 좋은 성격으로 금방 거침없이 우리 가족으로 동화했다.
그러나 모르고 있었다. 개의 평균수명이 고작 열네 살에서 열일곱인 줄도, 이별의 때가 비비고 품어 사는 가족 사이를 질러서 그리 쉬이 다가오고 있는 줄도 몰랐다.

똘망아~ 똘망아~ 이름만 불러 주면 깃털을 휘날리며 긴 다리로 아이들 사이를 가르며 거침없이 질주하며 놀던 눈부신 그의 젊은 날들을 생생히 기억하는데, 어언 그 잘생긴 똘망이의 몸은 졸아들고, 씻겨 주려고 손만 댈라치면 늑대로서의 근원적 본성을 갓난아이처럼 보이며 이빨을 드러냈다.

병실을 뒤로하고 나서며 제발 가셔얄 텐데, 이제는 그만 가셔얄 텐데, 참혹한 심정으로 빌었던 몇몇 해 전의 부모님들의 말년도 또한 뭐 크게 달랐던가.

어쩌자고 당신은, 무슨 생각으로 애시당초 생명을 저렇게 지어 내보내시나? 눈멀고 귀먹고 대소변도 못 가리면서도 어기차게 식욕은 살아 축생이 되어 기는 몸뚱이가 최종이게끔.
이리 참혹한 결말을 예비해 놓고 한 세상을 살고 오라고. 멋도 모르고 희망을 저금하고 사랑을 하라 둬 놓고.
오줌 강을 만들어 놓고 무르팍 못 일으켜 세우는 애를 들어 나르며, 밤마다 밤마다 잠을 설치고, 왔다가 갔다가 동물병원 앞을 서성대면서 나는 괴로워했다. 나는 고문당했다. 그래도 절로 가지 않으면, 과중한 그의 학문 외엔 위로가 없는 학자인 딸아이가 주말이면 그 애를 보기 위해 애써 다른 도시로부터 달려와 애지중지 품고 자는 유일하고 소중한 생명체인데도, 그만 안고 가서 안락사 실에 밀어 넣으라, 헤어지라 매매일을 닦달했던 당신.

이 통증하는 마음을 두고, 너희들 모든 날들이 한바탕 꿈인 것 몰랐느냐고, 어디에서 지금 당신은 웃고 계신가?

제 4 부

망망 바다에 띄워 올린 자유혼
— 화가 박복규

　우리가 사는 세상, 자연은 불가해하면서도 치명적으로 아름답고, 삶은 매순간 타들어 가는 담배까치 같은 것임에도 고통의 값 없이는 주어지지 않는 것이어서, 예술가는 태어나는 것일까.

　너무 쉽게 길을 묻는 사람에게 반감을 가진 적이 있다. 겨울의 어느 아침이었던 듯하다. 뭐 굳이 산이랄 것도 없는 동네의 야산 헐렁한 잡목들 사이를 빠져나오는데, 마주 오던 한 중년의 사내가 물었다.

　"그리로 가면 길이 있어요?"

하고. 전혀 말문을 열 기분이 아닌 내게.

　없는데요, 마지못해 내가 대답하니까,

"아니 지금 거기서 나오지 않았어요?"

갈 기미라곤 없이 막바로 되받는 것이었다. 마치 길이라고 검증하고 공인된 길만이 사람이 디뎌 갈 수 있는 안전지대라는 듯이.

세상이 아직 빗장을 풀지 않은 이른 아침 이슬 묻은 산책길에선 나는 입을 떼고 싶지 않은 사람이다. 폭력집단같이 난폭하고 시끄러운 도시가 아직 몸을 일으키지 않은 순정한 시간대는, 더럽혀진 영혼을 샤워하듯 지저귀는 청량 새소리와 산내음에 목숨을 방목하는, 하루 중에 가장 소중한 시간이니까. 위험지수라곤 전혀 예견되지 않는, 동네의 얕은 야산에서조차 사내가 무슨 안전을 그리 확인하려 든단 말인가? 그렇게 물어 대기 전에 맑은 공기를 마시며 그 평지를 좀 더듬어 보면 좋지 않겠냐, 싶었다.

생각해 보면 예술가란, 바로 그 시간대 같은 사람들은 아닐까? 순수자연과 기계문명 사이에 낀 저 아슬한 비무장지대.

신령스러운 것과 세속적인 것, 가시적 세계와 불가시적 세계를 오고가는 특별구의 주민들.

너무 멀리 나와서 오직 눈에 보이는 세계, 모두들 몰려가는 물질주의의 고속도로를 의심할 겨를도 없이 타고 있는 사람들에게, 심호흡을 허락하고, 퍼뜩 목숨 가진 것의 본질, 야성으로서의 정체성을 몸으로 깨워 주는.

　— 세계의 큰길은 얼마나 밟혀서 닳고 먼지투성이일 것인가!
　그의 저서 『월든』에서 데이비드 소로는 탄식했다. 또한,
　— 나는 선실에 편히 묵으면서 손님으로 항해하는 것을 좋아하지 않으며, 인생의 돛대 앞에, 갑판 위에 있기를 원했다.
고 쓰기도 했다.
　자기 내부의 위도를 한사코 높이면서 지도도 없이 치열하게 생을 탐험했으리라, 기대되는 한 예술가를 만나러 가는 돈암동, 잡아채며 올라가는 경사지 위 대학으로 가는 길에는, 피는 줄도 몰랐던 하이얀 사과꽃잎이 분분히 날리고 있었다. 진다홍 명자꽃잎도 섞여서.
　오오 피면서 지는 봄날의 환幻.
　덧없는 소멸의 잔치마당 질러가는 내 마음에 싸아 주사액처럼 스며 오던 비애감은, 자기소개 대신 받은 두터운 작품집의 선입견 없이 넘긴 첫 장에서부터 황황히 쫓겨 가고 말았다.

　어디서 보았던가 저 쪽빛! 청색에다 청색을 몇 번이고 덧들이면 저런 색깔이 날까?

짙은 청람색 하늘자락에 교교히 뜬 백제의 달.

그 밑 배경은 백성들이 평화로이 살아가는 땅이 있었다네, 노래하는 듯 연초록 대지에 빨간 초록 파랑 보라의 자잘하고 밝은 색깔들 어우른 그림.

그제야 박복규 화가의 유별난 약력이 눈에 들어왔다.

백의민족이라 부르는 것은 슬픈 일입니다. 쪽물 옷을 입은 남인藍人들이라 칭한 기록이 문헌에 엄연히 나와 있거든요. 먹고사는 일에 급급해서 그럴 틈도 없고, 일제며 육이오를 거치면서 깡그리 옛 자취조차 사라져 버렸더라고요…….

화가가 대학원에서 염색을 전공하고 '한국의 빛깔'이라는 쪽물연구로 논문을 쓰면서, 전국의 산야를 누비고 기억을 간직한 노인들을 찾아 헤매며 손수 재배의 실험까지, 무려 10여 년을 바쳐 재현해 냈다는 우리 전통의 색, 그 집념의 소산이 저것이었구나, 싶었다.

한낱 몽롱한 언어나 가지고 헤매는 시인인 내게, 미술 컬럼이라니, 황당하기까지 한 잡지사의 청탁으로 해, 지층에 내 도자기 작업실이 있는 건물의 6층 박복규 교수실의 문을 밀고 들어서기까지, 나는 화가 개인이나 그의 그림에 대하여 백지였음에.

남성성과 대비되는 탐스러운 융기와 부드러운 곡선의 여체라기보다는, 저 폴 고갱의 여인들을 처음 대했을 때처럼 다소 황당해지는, 단단한 탄력과 힘이 느껴지는 누드. 한때 생이 머물다 간 허무한 흔적, 폐조개의 군집이며 누군가 앉았다 떠난 뒷자리 같은 바닷가 산책시대의 초기의 풍경화들도, 알콩달콩 화기애애를 지향하는 집 안에다는 별로 갖다 걸고 싶지 않은, 독자적인 개성을 드러내고 있다.

구상계열이면서도 일반적인 풍경화류적인 화풍의 이단아였던 화가가 그러므로 76년 신안 앞바다 해저유물 인양이라는 충격적인 사건을 접하자마자 홀연히 바다 속으로 몸을 내린 것은 어쩌면 당연한 귀결이리라.

절제며 차단, 갇힌 개념의 반대쪽, 시간적으로도 공간적으로도 무한자유이고 원시야성의 완전 미지, 바로 그 세계의 발견이었으니.

화가를 강타한 것이 600년 전의 원元나라, 망한 왕국의 유물선이었던 관계로 처음 붙잡은 주제는 '몰沒'이다.

까마득히 잊혀진 역사가 수중 깊고 깊은 바닥의 금빛 증언들로 펄펄하게 살아 있거나, 깨져 박힌 수없는 그릇의 파편들 사이, 머리며 다리가 없는 갈비의 틈새거나 뚫린 구멍들 사이로 물고기들이 숨바꼭질을 하고, 수초가 뿌리를 틀어 너울너울 춤추는 인체. 저 아무것도 아닌 사람이라는, 존재의 참담한 고발을 보여 주고 있었다.

　바다는 내게 무엇이던가?
　오래전 서해안의 한 이름 없는 섬에서 그때까지 풍경으로만 이해했던 바다를, 전율하며 발견한 적이 있다.
　대중교통이 없는 섬, 일부러 깊숙이 들어간 고즈넉한 바닷가에 도착한 때는 오후 3시 무렵이던 것 같다. 바닷물에 벗은 두 발을 담그고 둑에 앉아 쉬고 있는데, 세상에나! 썰물 때인 듯 발밑이 점점 비기 시작하더니, 넘실대던 바닷물이 너무 빨리 저만큼 달아나고, 물속에 건너다뵈던 작은 바위섬까지, 돌연 영접하듯 자갈카펫의 길을 깔아 주는 것이었다. 전혀 예기치 못했던 현상에 탄성을 올리며 더 들어가 본, 그 자갈길과 섬의 바위 등에는 셀 수도 없는 숱한 생명들이 다닥다닥 붙어 있고, 채 몸이 되지 못한 것들도 오글오글 수도 없이 멍울지며 생명으로 태어나고 있었다.
　그때 나 비로소 눈을 떴다.
　그 물이 양수라는 것. 바다는 끝이고 또한 시작이라는 것.
　한 세상 유전타가 그 색과 이름, 몸뚱어리 해체되면 다시금 하나로 응집된다는 것. 어머니의 자궁에 이른다는 것.

박복규 선생의 80년대 전반부 '해저' 시리즈 캔버스들은 역동적이다. 역사 아래 조용히 잠든 수중박물관, 잠든 주검의 정적 대신 갈등하고, 분노하고 소용돌이치며 반란하듯이, 강렬한 색채와 거친 붓질들이 긴 물풀로 휘저으며 태풍이라도 뒤집어 놓은 듯, 물속을 헝클어놓더니, 이제껏 조금도 서정이라 느껴지지 않던 그의 바다에, 돌연 쪽빛 가까운 푸른 색깔이 풀리기 시작하면서 다른 세계를 예고하는 듯, 심연의 신비가 깃들고 정지되어 버린 도자기며 여인들도 새삼 삶을 수용하는 양, 깨진 것은 깨진 대로 깃드는 생명을 그 몸뚱이로 받아들이며 온전해지고 물속이 선방인 양, 고요해짐을 만나게 된다.

아니 어쩌면 청람색 눈 시린 바다의 바닥에서 알알이 튼실한 조개들을 키우며, 영원으로 귀속된 듯한 하얀 도자기의 이미지는 허무와 절망, 들끓는 분노, 전쟁과 상처들의 거친 풍랑을 다 건너서 왔으므로, 마침내 든 선정禪定인가.

새삼 화집 앞장에 실린 화가의 젊은 날의 자화상을 들여다본다.

북방계 특유의 눈꼬리가 올라간 가는 눈매. 다소 각이 진 다부져 보이는 턱. 우직해 보이나 강한 의지력이 감지되는 인상이다. 그로부터 한 30년이 흘러갔을까? 그 물살에 깎인 화가의 초상은, 시간이 갈수록 군더더기를 버리며 완성되어 가는 물레 위의 도자기처럼, 항상 캔버스와 팔레트가 마르지 않게 살아온 독한 몰입의 흔적이 역력히, 세속의 때 대신 배어 있다.

타인 앞에서 말하기를 몹시 두려워해 외톨이였고, 향교 장을 지내시기도 했던 조부를 모신 가풍으로 남보다 일찍 한문을 익혔으며 붓을 가지고 놀았던 이력이, 혹은 겨우 네 살에 부친을 잃고 사회적응력이 부족했던 외로운 성장기가 그리도 깊게, 그리도 오래도록 내면으로 우물을 파들어 가게 했을까? 소우주라 칭하는 사람 속에는 이과수폭포에 버금가는 폭포가 내재되어 있다고 누군가 말했었는데, 자신 안의 폭포를 터트려 자기세계를 구현해 온, 화가는 얼마 안 되는 바로 그런 사람에 속하리라.

무려 30여 년을 바다로 풀려나기까지, 화가에게는 오래 뭉치고 응집된 야성이 있었던 것이다. 한 자존심 높은 미술학도가 지방에서 대학공부를 하고 상경해서 수도 없이 부당하게 당했을 피 흘림, 차디찬 차단벽들과, 사무치던 고립감들이 화가의 정신을 날 푸르게 정련시켜 준 대장장이가 되어 주지는 않았던 것일까?

아무도 돌보지 않아 영영 잃게 된 우리의 아름다운 색, 쪽물을 되살려 내려고 미친 듯 10년을 바친 정열과, 30년을 헤집고 유영해도 다하지 않는 바다라는 신세계를 기계문명 속에 끼어 쩍쩍 메말라 가는 우리에게 열어 준 힘이, 아이러니하게도 소외와 고독에서 비롯됐다고 말할 수도 있지 않을까, 어쩌면.

그 힘이 자기 자신을 극복하고 나아가 점점 더 심화되는 문명의 감옥 안에 기계화되거나, 사지를 접어 두고 최소화되어 가는 현대인들에게 저 신비한 무한, 청남색의 바다를 열어 줌으로써, 인간 본질로서의 야성과 시공을 넘은 꿈꾸기를 선사하고 있다.

지구의 반대편 내 생애 가장 멀리 나간 남태평양 바닷가에 이르러 언젠가 내가 노래했던,

    바다는 가장 멀리 온 여행자

    길에서 제 안을 다 다스리고

    온 이―

화가의 방문을 밀어 나오기 전, 마지막으로 본 것은 바로 그 바다였다. 겹겹이 쟁여진 캔버스들 가운데 아직 이젤에 꽂혀진, 다 마른 것 같지 않은 그림은.

천만 개 굽이치는 푸른 갈기, 화폭에 가득 찬 망망 바다 위에 새하

얇게 뜬 도자항아리 하나!

하늘과 바다에 거칠 것 없는 화가의 부신 자유혼이었으리라.

(문예바다)

상형문자를 해독하다

그날 아침 돌연 끼쳐 오는 너무나도 싱그러운 아카시아 향이었다. 내처 내려가지 못하고 뒷걸음치다가 그만 등 뒤의 구렁으로 나가떨어진 것은.

복사뼈에 금이 나가 기브스를 하고 양쪽 겨드랑이 밑에 쇠다리를 짚으니, 이건 숫제 사지四肢가 다 없는 셈이다. 세상은 어디를 봐도 감탄사인 찬란한 5월이고, 내게 있어 매일 아침 야산을 걷는 일은, 끼에 밥을 먹는 일만큼 필수일과였는데 또한 나가서 보지 않음 안 되는 일들은 캘린더에 동그라미도, 붉게붉게 기다리고 있는데.

방 문턱, 베란다 문턱, 현관 문턱, 화장실 문턱을 내려딛으며 나 무둥치처럼 넘어지고, 무게중심이 실린 한쪽 다리가 아찔하게 기우뚱댔지만, 사지가 없는 채로라도 먹고는 살아야 하는 육체를 가진 인간이라는, 동물적 존재의 비루함이 어느 순간 욕지기처럼 차올라 견딜 수 없다.

그렇지만 어쩌랴?

바로 앞마당거리에 있는 마트엘 휠체어에 실려 갔다. 그새 구입하지 못해 절절맸던 것들 넘치게 사 담은 손수레 짐에다가 부리고 돌아오겠다는 보호자를 기다리는 동안, 때맞춰 화장실엘 가고 싶어졌다.

캐주얼복, 여성복, 각종 신발이며 아동복 가게 사이를 다 실려 보내지 못한 짐덩이, 6킬로의 세제봉지를 안고 휠체어를 밀어 가려는데 아무리 안간힘 해 대도 도무지 거리가 좁혀지지 않았다. 끙끙대며 가다 서다를 반복하고 있는 참에, 한 판매원이 등 뒤로 다가서며 "밀어 드릴게요." 하는 것이었다. 마침 한가한 시간대였기로 비비적대며 용을 쓰는 내 모양새 지켜보고 있었던 듯이.

"아니 괜찮아요, 고마워요."

했으나,

"그럼 그 무거운 세제나 우리가게에 맡겨 놓고 갔다 오세요."

권하는 것이었다.

그녀 덕분에 너무 홀가분해져서 무사히 화장실을 다녀 나오면서,

난 나를 돌아보고 있었다. 그 작은 배려가 얼마나 큰 도움이 되었는지, 평소에 나는 장애를 가진 사람들을 그녀처럼 애처롭게 눈여겨 보거나, 얼마나 힘이 들까 생각해 본 적이 있었던가를.

결혼 초기 무렵 나는 지방도시에 살았다. 늘 혼자 시간을 놀고, 혼자서 가만가만 손으로 하는 일들을 좋아했기로, 몇 개월인가 양재를 배우러 다녔다.

용석이 엄마는 그때 함께 했던 비슷한 나이또래의 동료였는데 어렸을 때부터 소아마비를 앓아 두 목발을 짚고 다녔다.

몸이 그런데도 여고시절부터 그녀를 너무 열렬히 쫓아다니며 구애를 한 남자가 있어 결혼을 했는데, 친정아버지가 차려 준 가게가 매양 죽을 쑤자 남편이란 자는 무슨 일과처럼 그녀를 때린다고 했다. 때리고 다음 날 용서를 빌고 다시 때리고……. 반복되는 이상한 삶을 살면서도, 그녀는 성장기의 충분히 받은 사랑양분 때문인지 구겨짐이라곤 없이 밝은 성격이었다. 그런 때문이었는지 난 어깨 아래 두 개의 목발을 끼고 걷는 그녀가, 불편하고 힘이 들 것이란 생각을 해 본 적도 없거니와 더듬어 봐도 그녀의 가방 한번 들어 줘 본 기억도 없다.

시어머님 또한 칠순 무렵에 엉치뼈를 다친 후, 백 세 가까이 돼

서 돌아가실 때까지 앉아만 지내셨다. 그 지방 3대 부잣집 며느리로 젊은 날부터 큰살림 맡아 하신 습관과 이력 때문인지, 누구에게든 시키는 것들이 도시 마음에 안 들어 무엇이든 척척 스스로 해내시는 깔끔한 분이셨지만, 그 오랜 세월을 앉아서 혹은 기어서만 지내시다 돌아가셨다. 청춘에 혼자 되시고 딸도 없으신 처지로, 세상 바람도 쐬지 못하시고 갇혀 지내시다가.

　나는 물론 의무를 다했다. 이른바 매달 용돈을 보내드리는 행위로. 그것으로 시어머님 일을 잊고 살았다. 객지에서만 살아서 모시고 살진 않았지만 그래도 어찌 그 가슴속에 들끓었을 불을, 아무와도 나눌 길 없는 막막한 외로움을 짐작해 본 일도 없을까. 지렁이처럼 비비적대는 힘든 내 몰골 지금 멀거니, 생각이라곤 하나도 없이 바라만 보는, 저 신발가게, 남성복, 여성복…… 가게 판매원들 같은, 절망적 무관심이 바로 나였을 것이다.

　쇠사슬에 두 발이 칭칭 감긴 코끼리처럼 6주 동안 나는 감금되어 있다.
　여름으로 넘어선 날씨는 어느 순간 내 머리통을 폭발시킬 듯하고, 담을 타고 넘는 장미넝쿨은 저물녘 창가에 붙어 앉은 날 울리지만 분명한 것 하나는, 이 고행으로 여태껏 없던 맑은 우물 같은 마음눈

하나 뜨리라는 것이다. 얕은 내 그릇이 무엇이 담겨 오게끔 조금은
깊어지리라는 것이다.

    1세기 만의 가뭄이라는
    이 여름 누릇누릇 누룽지 무늬 진
    참외를 자주 깎았네
    단맛에 감탄 금치 못하며

    내 발목 기브스로 감금한 의사는
    겨드랑 밑에 고이라, 쇠다리 한 벌을 준 대신
    팔다리 넷을 몽땅 차압했네

    아카시 첫 향기 터지던 날부터
    덩굴장미, 밤꽃들마저 미치게 살다 가 버리는 동안
    바닥을 기고 나동그라지는 둥치
    유리창 안에서 짐승의 분노 어쩌다 잦아드는 시간이면
    생각났네
    가방 한번 들어 준 일 없는 목발의 옛 친구며
    앉은뱅이로 살다 가신 말년의 시어머니

불현듯 줄줄

상형문자, 그 오랜 절벽문장이

물기 너머로 읽혔네

대지가 목이 타 비명으로 갈라지는 동안

속속들이 참외를 익힌 그 힘이

나를 익히고 있었네

― 졸시 「상형문자를 해독하다」 전문

(유심)

슬픔이 익다

추적추적 진종일 비가 내리는 12월의 초입이다.

기상 잔뜩 답답하고 어두운 오후에 세탁소를 다녀오다가 길을 이탈해 빗방울 맺힌 나뭇가지들 밑을 찾아들었다.

한 잎 남김없이 잎사귈 잃은 나무들. 자홍빛 앙증맞게 익은, 거기다 빗방울을 달아 마치 붉은 루비 알같이 투명한 산수유 다닥다닥한 열매들에 감탄사를 터트리면서 내처 걷다가, 부러져 던져진 감가지와 쇠락한 풀숲에 덩이를 박은 익은 모과 알들을 발견하면서 내 안은 더할 수 없는 충일감으로 찬다. 낮인지 벌써 저문 때인지 분간할 수 없게 어두운 날씨며, 얼굴이 찬 빗방울에 노출돼도 아랑곳없이.

평소에도 낮 동안에는 대부분 집을 비우는지 사뭇 조용한, 거기다 비까지 내리는 이 오후나절은 어디 산사라도 되는 듯 적막하기까지 한, 도심의 배후에 위치한 아파트의 정원을 우산을 들고 혼자서 서성이며 낙과를 줍는 일이, 어찌하여 이다지 즐거운지 알 수가 없다.

안에서 절로절로 밀어 오르는 이런 유의 즐거움이 어린 시절에도 있었는지 별 기억을 갖고 있지 않은데……. 기실 내 어린 날들이라는 게 즐거움을 알기엔, 벌거벗은 나무와 버거운 삶이 있는 박수근의 그림 같은 시절이기도 했지만.

이제 곧 죽음과 사투할 겨울을 앞에 둔 나무가, 더는 감당할 수 없는 마지막 무게를 버리고 있는 자연의 행위는 엄혹하기 이를 데 없는 일인데도, 비 내리는 겨울의 초입 어두운 잿빛 오후나절의 숲은, 웬일로 나에게 이리 충일한 기운을 전하는가?

감나무며 모과나무, 그중에서도 모과나무는 스스로 익은 열매를 보여 줄 때까지, 숲을 이룬 갖은 나무들 중에 눈에 띌 것이 없는 나무였다. 맺혔었나? 그 꽃들 언제 졌었나? 별로 기억도 안 나는 꽃의 모양새가 그렇고, 자작나무처럼 하얗다거나 층층나무처럼 매끈할 것도 없는 울퉁불퉁한 몸뚱이가 또한 그러했다. 그런데 눈으로 코로 정신없이 우리를 매혹시키며 여한 없이 봄 여름 가을까지를 구가하던 그 화려한 꽃과 지칠 줄 모르고 춤추던 잎사귀들이 상강의 서릿발에 가차 없이 시들고 발 아래로 주저앉을 무렵, 오래도록 뵈지도 않던 저 뒤쪽의 허접한 것이 서리치는 세상에다 뜻밖에도 화안하게, 쇠락의 계절을 익은 겨자 빛으로 밝히며, 일어선 것이다.

 오래 섧었던 뒤쪽이 다 벗은 가지가지에, 비로소 탐스런 등燈을 켜 들고.

 김장배추 거둬 간 밭에 몇 차례고 서리치고 버려진 겉이파리들까지 처연하게 주저앉은 입동 무렵, 아파트의 정원엔 지금 모과나무가 드디어 주인공이다.

 매화나무 벚나무 자작나무 단풍나무…… 너나 할 것 없이 앙상한 모양새들인데, 그 가운데 모과나무가 단단한 열매들을 주렁주렁 달고, 활짝 팔 벌려 서 있는 것이다.

 산책의 시간마다 가랑잎이나 키 낮은 철쭉 회양목 아래에 숨은 그가 던진 열매들을 찾아 주우며 나는 모과나무에게 경의를 바친다. 흡사 나만을 위해 주는 선물인 듯 철없이 기뻐하며.

 거푸 서릿발이 쳐도 쉬이 죽지 않는 생명은, 견디느라 사운대던 잎사귀들을 내어주다가 툭 툭 제 지체의 마지막 마디들도 내어주며 가학의 계절을 건넜고, 기다려도 기다려도 줄지 않는 줄의 뒤쪽에서 차오르는 항변과 분노, 슬픔을 디뎌, 이윽고 속속들이 익었으므로.

그리하여 이 저문 계절 비 내리는 나목의 숲 속에서 내가 따뜻하고 즐거운 것은, 익어서 넘어선 저 생명의 환한 속빛과 남다른 향기에 전이된 때문이리라.

      진자주색 커튼 깊게 드리워진
      덕촌리 언덕배기집 마당
      벗은 가지에

      탐스러워라 몇 덩이 익은 모과 알들

      꽃 가고 잎사귀들 가고
      잔가지들까지 훑어 내린 다음
      찬 서리 통과한 화강암을 닮은 근육질,
      결기 서린 저 열매
      늦은 가을 청정무구 햇빛세례 속

뭉클 눈부심을 읽느냐, 사람아

마침내 무한창공에 덩이덩이 겨자색 등으로 핀

죽은 듯 입술 물었던

뒤쪽의 슬픔을

— 졸시「슬픔이 익다」전문

보이지 않는 것을 위하여

 나이가 들어 간다는 것은 매양 바깥을 향해 열려 있었던 시선이 어느샌지 자주, 내면으로 돌려지는 일인가.
 몇 개월 전서부터 새벽 수영시간을, 기氣로써 몸을 다스린다는 단학수련으로 바꿨다.
 몸을 엎어 사지로 물을 차고, 그 몸 뒤집어 두 팔 기둥으로 퍼억퍼억 노를 저어 대고 끝 참에는 물 밖으로 올라와 거꾸로 몸뚱일 꽂는 다이빙까지, 수영이란 게 물론 쾌적하기 이를 데 없는 운동인 것은 분명했다. 게다가 월 화 수 목 금 토를 빠짐없이 열심이었더니, 허리 두께가 탄성을 지를 만큼 얇아지기도 했다. 그러나 하루의 첫 문을 여는 천금의 새벽시간을 수영에다 몽땅 바쳐 버리기엔 뭔가 아깝다는 생각이 자꾸 고갤 들면서, 대체해야 할 더 중요한 무엇을 해야 되잖나, 싶어지는 것이었다.

　사람의 한 생애의 내용이 생로병사라는 사실이 손에 잡힐 듯 확연하게 느껴져 오는 인생의 시점에서, 속수무책 예외 없이 진행되는 늙고 병들었다가 죽어 가는 육체를 갖고 태어난 자들의 숙명적 레퍼토리에 최소한 무방비로 어느 날 갑자기 기습당하지 않기 위하여, 그것 앞에 한갓 비참하고 가련한 존재로 무너지는 짐승이 되지 않기 위해서, 뭔가를 해야 할 것 같았다. 내 몸을 훈련시키고 조율해야겠다, 싶었다.

　유년과 청춘의 눈은 보이는 것들에게로만 열려 있었고, 세계는 보이는 것으로만 해석되는 대상이었다. 보이지 않는 그 무엇들이 있다고 책에서는 읽었지만, 그것들은 실체가 없는 막연한 관념이었고, 더러 아는 이들이 병들고 죽어 가도, 조금은 상심하다가도 나와는 크게 상관없는 먼 세상의 일들로 금방 잊혀지고, 나날의 삶들은 보이는 것들만으로 차고 넘쳐났다. 그것들에게로 열려 있는 내 많은 허기와 욕망의 빈칸을 채우고자 안절부절, 좇아가고 넘어지고, 울고 웃는 매일 매일들의 연속이었다.

　멋진 가구, 큰 집, 예쁜 옷이며 맛있는 음식, 근사한 남자 따위의 것들은, 때로 우리의 기분을 뭉게구름처럼 두둥실 들어 올려 주는 만족감을 안기지만, 시간이 지나면 바뀔 수 있는 기호품 같은 것이었는데도, 돌아보면 그 동물적 시간들은 얼마나 길고 절대적이었던가!

얼마나 많은 생애의 시간을 그것들에게 지배당한 식민지로, 노역을 바치느라 정작 본질에는 장님인 채로 반생을 나도 모르게 넘겨주고 말았었는지!

뭄바이서부터 출발한 서인도 여행길에서의 일이다.

엘로라 아잔타 유적을 찾아가는 국도변 시골 풍경들은, 몬순기후로 비옥한 토양에 목화밭 밀밭 수수밭…… 끝이 안 보이게 펼쳐지고, 눈 들면 아무 데나 채도 깊은 야생의 꽃 덩굴들 화르르르 흐드러진 풍요의 자연들이 너무나도 눈부셨는데, 지평선 긋도록 무구히 열린 초록의 들판을 두고도, 어찌 된 셈인지 어쩌다 만나는 사람의 집들은 갈대와 흙으로 지은 오두막이 고작이었다. 흡사 원시 그대로인 것 같은 사람살이의 풍경들은 문득 내게, 두고 온 우리들의 삶을 곰곰 돌아보게 했다.

언제나 보여 주고 키 재기 할 대상, 타인이 없었다면 인구밀도 빠글빠글 콩나물시루인 좁은 국토 안에서 과연 지금처럼 큰 집, 더 큰 집에 그토록 기를 쓰고 집착하게 되었을지?

 어쩌면 인간은 그 '오로지 내 것'에 집착하게 되면서부터, 자유를 잃고 스스로 갇히게 되지는 않았던가.

 본래는 저 들판의 새 떼처럼 들짐승처럼, 인간도 드넓은 아무 곳이나가 다 제 집인, 자연 속에 방목된 자유로운 존재가 아니었던가.

 방문만 나서면 꽃내음 실어오는 바람 속에 한껏 사리자락 날려도 좋은 저 한없이 펼쳐진 풍요로운 들판이 다 제 마당인 사람들에게, 대체 칸을 치고 담장을 올린 커다란 집 따위가 뭐 필요하겠는가? 초록빛 부신 풀밭에 앉아 밥을 먹고, 색색 보석상자 쏟아부은 별밭이며 달빛 아래서 사랑을 한다면, 삶은 때로 얼마나 기막힌 희열일 것이며 우주적이 되겠는가? 하고.

 우리가 경쟁하며 남만큼은, 남보다는 더, '더'의 덫에 걸려 몸부림 깊어지는 동안, 꼭 그만큼씩 우리들 생의 본질은 우리에게서 멀어져 가고 겉핥기의 삶, 그 한가운데를 강타하며 어느 날 예고도 없이 빨간불은 치명 빛으로 켜지는 것이리라.

 엘로라를 출발해
 데칸고원 질러가는

끝 간 데 없는

마하라슈트라 주 들녘 가운데

움막 한 채의 선사시대

바람은 보라 하네 만발의 색색 것들 중 가장 짓부신

야생의 꽃, 사리의 저 처녀

곡선 한껏 쓸어 날리며

어디로도 지평선, 저 드넓음일랑 다 두고

거친 바람 한 번이면 쓰러져 버릴 듯한

흙과 갈대의 집

저들은 익히 알고 있더란 말인가

이 한 생 또한 그렇게 흩어져 버릴

가假건물이라는 것

— 졸시 「가假건물」 전문

몇 해 전 암 병동 입원실에서의 한 여자의 절규가 생각난다.
그날 유방암 양성 판정을 받은 그 여자,
"이게 뭐예요? 이게 뭐냔 말예요? 여자의 일생이 이게 도대체 뭐

냐 구요!"
안타까이 울부짖던.

이제 겨우 아이가 대학에 들어가 줬는데, 이제 겨우 할 일을 다 했구나 싶으니까 기다렸다는 듯 생로병사, 잔인하고 거룩한 인생의 레퍼토리가 실체를 들어 올렸던 것이다. 정작 제 인생 같은 건 살아 본 적도 없는데.

나무를 밀어 올리는 거개의 힘이 땅 아래, 우리 눈에 보이지 않는 깊이에 박혀 있는 뿌리라는 사실을 간과한 채, 사람들은 왜 땅 위에 솟은 것만이 나무라고, 가볍게 믿고 살아가는가.

사람이 나이가 들어간다는 일은, 현시적인 것만 믿고 손에 잡히는 것만을 위해 헉헉대 온 동물성을 조금씩 벗어 가는 일일 것이다. 제 안의 제어 불가능했던 격렬한 불이며 물, 바람의 기운을 디뎌 가며.

내 품에 내 마음에 체온을 남겼던 목숨들 위에다 흙을 덮으며, 더러는 그 더운 몸이 연기로 사라지는, 화장장의 굴뚝을 바라보고 돌아서 오기도 하면서.

본질, 비본질

　파마를 하기 위해 미장원에서 기다리고 있는 시간만큼 지루한 일도 없다.
　컷을 하고, 머리카락들을 말고 난 다음에는 으레 나는 머리에 스카프를 쓴 보기 흉한 모양새일지라도, 마을 안에 있는 미장원을 나와 집에 다녀오곤 한다. 잡지나 신문을 들썩이는 일만으로는 그 시간들을 참아 낼 수가 없어서.
　어제 한가한 아침나절의 내 의자 곁자리에는 염색을 하러 왔는지, 한 스무 살쯤 되어 뵈는 남자애가 있었다. 나와 거의 비슷한 시간대에 온 그 친구는, 내가 집에서 점심을 들고 서둘러 나가느라 아침에 못 마셨던 커피도 한 잔 마시고 시간을 보내다가 다시 미장원에 되돌아갔을 때까지, 아직 거기 있었다. 염색 빛깔이 맘에 안 든다는 둥 미용사에게 까다롭게 다시 무엇들인가를 요구하면서.

거울로 훔쳐본 너무 젊고 보기 좋은 이마를 가지고 있는 그 남자애가 이 화창한 계절의 한낮 시간대에 그곳에서 소비하고 있는 시간이, 문득 내게 차오르는 욕지기처럼 무심하게 견뎌 내기가 힘들어 오는 것이었다.

언제였던가, 가는 곳마다 대한민국 남자들 입에서는 아시안게임에 온 북한 처녀응원단에 대한 얘기들이 하나같이 화젯거리였었다. 산소 같다, 무공해다, 라는 등의 찬사에 귀 기울이면서 색조화장을 전혀 하지 않은, 그 자연 미인들의 풋풋함을 떠올렸다.

우리는, 문명이라는 이름의 이 시대는, 너무 함부로 자연을 훼손하고 있다. 성형외과 병원이 압구정동이나 강남역 근처엔 한 집 건너 하나씩으로 성업 중이고, 그곳에는 여자들뿐 아니라 남자들까지 줄을 서는 것이 세태라 하니, 더 무슨 말을 한다면 내가 혼자 유행 지나간 지 오래인 옷을 입고 가는 외려 희귀한 구경거리의 대상이 될지.

그러나 춥지도 덥지도 않고 바람결조차 기분 좋게 불어 사뭇 화창한 이 가을날, 미장원에서 머리에다 물을 들이느라 다 바치고 있는 스물 안팎의 하루는, 사람의 짧은 인생에 있어서 얼마나 짧고 다시는 오지 않을, 채 오염되지 않은 옥토의 시간인가.

젊음은 분칠하지 않고 꾸미지 않아도 있는 그대로도 빛나는 것. 그 시절에 땀 흘려 공부하고 일하지 않는다면, 무엇으로 치열한 동물의 왕국과 다를 바 하나 없는, 생존의 무자비한 전장에서, 대체 무슨 힘으로 무슨 방비로 먹히지 않고 살아가려고?

바라보기 차마 눈을 감고 싶은, 영롱한 이슬의 시간은 이내 포식동물 같은 쨍쨍한 해가 뜨면, 순식간에 먹히고 마는 찰라가 아니던가?

젊은 날 어떤 찬사도 아깝지 않게 아름다웠던 여배우들이 유난히도 추하게 늙어 가는 모습들을 우리는 흔히 목격하고 황당함을 금치 못한다. 우연히 주어진 태생적 미모, 혹은 너무 많이 손을 댄 성형 미인들은 세월이 갈수록 빛을 발하는 보석들이 아니다. 우리를 현혹시키던 그 아름다움은 다만 껍데기였을 뿐 내용이 비어 있거나, 쓰레기로 차 있기 때문이다.

무릇 외모란 나이가 들면서 그가 살아온 인생의 내용에 따라 변해 가는 것이라 생각한다. 그리고 그것이 자연인 것이다. 아름답지 않은 것이 아름다운 포장을 아무리 애써 입힌들, 바위도 가르고 자갈로 미세의 모래알로 부수고 마는, 저 무자비한 세월에게 무사할 것인가?

　외양이란 결국 한 장의 껍질일 따름이니, 그것을 위하여 너무 많은 시간을 바치는 사람은 엄혹하고 가차 없는 본질로써의 인생에, 장님인 사람일 것이다.

　본질로 자연물인 우리가, 무엇을 얼마나 바꿀 수 있겠는가?

　다만 최선을 다해 살아 볼 일이다.

　주어진 원인만큼 따라오는 결과가 인과법이라 했다. 그러노라면 어느샌지 변해 있는 한결 좋은 제 모습도, 또한 당연한 결과물이 아니겠는가.

사람은 꽃보다 아름다운가

　산책을 끝내고 돌아오는데 하천가 가로수 아래서 혼자 타고 있는, 웬 불길을 보았다.
　막다른 4차선 도로는 밤이 되면 인적이 드물어 관광버스, 트럭, 트레일러 따위 온갖 큰 차들의 주차장으로 변하고, 게다가 누군가는 모아 온 쓰레기도 던지고 가는 듯, 커다란 자루들이 뒹굴기도 하더니, 아예 오늘 아침은 거기다 불을 놓고 달아나 버린 모양이다.
　가까이 다가가니 깡통이며 병 따위들 까맣게 그을려 동그라져 있고, 불길은 벌써 살아 있는 가로수에 옮겨 붙어 밑동을 태우고 있는 중이었다. 상황은 다급한데 잘 쓸린 도로 어디에도 불을 끌 만한 나뭇가지 하나 뵈지 않아서, 하는 수 없이 발길로 불길을 질러

대는데……, 마침 지나던 젊은 부부가 함께 가세해 가까스로 불길은 잡게 되었지만, 정작 노여움의 불길은 내 마음에 들끓고 있었다.

원 세상에, 그 비양심 그 뻔뻔함이라니! 그나마 인적 없는 이 겨울아침 나에게라도 발견되지 않았더라면, 비틀비틀 앓다가 옮겨 온 지 3년 만에 겨우 가로수 꼴을 하고, 지난여름에야 짧으나마 가지들을 뻗고 새잎들 피워 올려,

……
너 언제 가로수가 되겠니?
언제 그늘을 주겠니?

안타까이 시를 쓰게 했던, 내 기다림에 가까스로 보답해 주던, 저 뿌리 그리도 힘들게 더듬어 내린 나무는, 다 타 죽고 말았을 게 아닌가?

그런데 문제는 저런 일이 이번뿐이 아니라는 것이다.

큰 수술을 받은 후, 지하철이 닿고, 산과 산이 양편으로 감싸 좋았던, 이 변방으로 이사를 해 왔을 때, 무슨 공장이 있었던 자리라는, 1,500세대 신축 고층아파트가 들어선 주변은 온통 황무지였다. 새

로 닦은 길가에도 물론 가로수 한 그루 없었는데, 그런 가운데도 아파트단지로 꺾여 드는 도로가에 사막 속 오아시스처럼, 한 그루 정자나무 서 있었다. 그 모습은 삭막함 일색의 풍경 속에서, 내게는 흡사 구원 같았다.

―이곳에도 사람들이 모여 살던 오래된 마을이 있었느니라. 저물 녘이면 밥 짓는 연기 피어오르고, 땅거미 지는 골목에는 아이의 이름을 부르는 어머니의 목소리들이 울렸었느니라, 고 일러 주는 듯.

그런 어느 귀갓길이었다. 왁자지껄한 소리들이 있어 바라보니, 아 웬일이람? 그 아름찬 나무가 한 무리의 사람들에게 둘러싸여 있고, 벌써 깊숙이 톱날을 받아 거대한 몸이 비스듬히 쓰러지고 있었다. 놀라 급브레이크를 밟고서 따져 물으니, 그들은 시청에서 나온 사람들이고, 태풍의 위험에 대비한 예비작업이라는 것이었다. 나무 밑 위치에 허술한 카센터가 있었다.

태풍이 불면 모든 거목은 위험한지? 그럴 우려가 있다면 키와 가지를 좀 쳐 주면서 태풍을 견디게 할 수는 없는지? 미루나무 같은 위로만 뻗는 그리 키가 큰 종류도 아니었는데, 깡그리 밀어 버린 황무지 일색의 풍광 속에 단 한 그루, 초록생명으로 선 흡사 수호신 같은 오래된 나무를, 주민들에게 한마디 의견을 물은 적도 없이 그리 쉽게 베어 없애는 방법을 선택한, 자연과 생명에 대한 애정이나 경외감이라곤 전혀 없는, 강파르고 무식한 공권력의 횡포에 무력한 시민으로 혼자 분노하기도 했다.

 또한 집 앞으로, '대형마트 건설예정지'란 푯말이 꽂혀 널따랗게 공지가 펼쳐져 있었고, 그 주위론 비잉 둘러 평균 몇 십 년쯤의 수령은 되어 보이는 나무들이 있었다. 그 나무들은 매일의 내 산책길에 동무가 되어 주었고, 계절 따라 나부끼는 무성한 잎사귀들로, 부신 꽃으로, 그리고 황량한 겨울날엔 '마른 나뭇가지에 다다른 까마귀와도 같이'라고 한, 김현승의 시구 같은 풍경으로 내 창을 장식해 주고 나를 사유케 했었는데, 2, 3년 동안의 막간을 텃밭으로 일궈 먹던 사람들이 제 채마밭을 넓히거나 그늘을 거두기 위하여, 밤이면 몰래 그 나무들의 몸에다 야금야금 칼금을 질러 놓는 것이었다. 한 그루, 두 그루 마침내 바람 치는 날이면 퍽, 퍽 그 큰 나무들이 쓰러져 죽어 나가게끔.

 내가 좋아하는 가수 안치환은 '사람이 꽃보다 아름다워! 꽃보다 아름다워!'라 노래했지만 그런가? 정말 그러한가? 저 나무를 벤 사람들이 그 나무들보다 더 세상에게 위로를 줄 수 있고 유익한, 아니 아름다운 존재들인가?

 다른 어떤 생명체도 마찬가지겠지만, 내가 유독 나무를 해치는 일을 못 참아 하는 것은, 그것은 무저항이고, 언제나 조용히 비켜서 있으면서도, 어떤 사람보다도 사람을 위로하고, 세상을 정화하는 존재라는 것이다. 항상 한곳에 못 박혀 있으면서도 사람보다도 더 격렬히, 봄 여름 가을 겨울을 순환하면서 바로 그 모습으로, 정체성을 잃어버린 우리에게 문득문득 삶에 대하여 생각게 한다는 것이다.

묵향, 어느 전생이었을까

　무슨 생각에 잠긴다거나, 언뜻 가로수의 싱그러운 냄새로 해서 잊고 산 계절을 감지한다거나, 어쩌단 어디선지 흘러나오는 음악에 감겨들며 걷기도 하는 길이라는 공간을, 자동차와 기계들의 소음에게 앗겨 버린 지 오래인 서울에서도, 돌연 후각에 꽂히는 냄새로 하여 난데없이 가던 발길이 멈췄던 때가 있었다.
　학동과 삼성동의 경계인 옛 영동백화점 앞 네거리 근처를 무심코 지나는데, 돌연 후욱! 끼쳐 오는 진한 먹 냄새에.
　냄새의 출처는 안경점과 병원과 인테리어 따위가 있는 상가의 3층 단아한 검은 행서체의 '書藝'라고 간판이 걸린 곳으로부터였지만, 6차선 도로 한낮의 도심에서 생뚱맞게 왜 내가 갈 바를 잊고, 망연하게 그곳에 서 있었는지…… 먹향기에 무방비로 빠져들고, 예사롭지 않게 반응했었는지 모를 일이었다.

　우리나라에 문화센터라고 불리는 평생교육원이 처음 생겼을 무렵 나는 30대였다. 학교 다닐 때 늘 반에서는 그림을 젤 잘 그리는 아이로 인정받았었지만 정작 가 보지 못했던 아쉬운 길, 그림을 배워 보자고 나섰다.
　한겨울 몰아치는 여의도광장의 칼바람 속, 삼성동에서 여의도까지 버스를 갈아타며 신문사의 문화센터까지 무려 3년. 안방의 한쪽 벽을 다 차지하도록 커다란 베니어 화판을 벽에 세워 두고 담요 위에 먹을 갈고 또 가느라, 딩동! 디잉동동! 초등학교 저학년 아이들이 돌아온 초인종소리 울리고서야 시간의 흐름에 소스라쳤던 몰입이었지만 돌아보면 화선지 앞에서의 그 몰입의 시간들은 여긴가? 저긴가? 이리저리 돌고 두리번대며 마침내 제 문門을 찾아가는 내 자아의 도정, 혹은 모색의 한 과정이었을 뿐이라 말해 주는 듯, 지금 내겐 그때 그린 그림이 두루마리채로 묶인 채 창고구석에 처박혀 있다가 이삿짐을 쌀 때나 가장자리가 나달댄 채로 발견될 뿐, 단 한 점도 표구로 반듯하게 대접받아 걸려 있는 것이 없다.
　사군자며 구군자, 수묵산수까지를 섭렵하느라 먹을 갈며 세월 가는 줄 몰랐던 수업기를 떠나고, 수많은 캘린더 내리고 새로 걸면서 나는 다시금 다른 대상 또 다른 세계에 발을 들여놓고 그때마냥, 아니 그보다 더 깊숙한 몰입경도 경험하며 그 시절의 탐닉의 기억들을 잊고 사는데도, 먹향만 맡을라치면 시도 때도 없이 소스라치는, 이상한 증세는 무엇일까?

 포근하고 잔조로웠던 삶을 일순에 갈가리 찢어 패대기치며 질러 간 전쟁의 뒷마당에, 어이없게도 나는 돌연 미아가 되어 젖내 갓 가신 유년기를 고모 댁에서 얹혀살았다.
 볕 좋은 한낮, 머슴이며 외양간의 소들까지 들에 나가고 농사일을 하지 않는 고모부도 집을 비워 안채, 사랑채, 우산각 할 것 없이 집 안이 온통 괴괴하게 나 혼자일 때, 나는 가끔 거처인 큰방, 그 곁의 곡식항아리 따위가 든 광, 아랫방, 온통 시야가 깜깜한 골방을 꿰어 기역자로 꺾어 잇댄 사랑채의 윗방, 고모부 서재로의 밀입을 시도하곤 했다. 그 고장의 유지였고, 그 마을의 유일하다시피 한 식자였던 고모부는 농사일에는 한 번도 몸 보태지 않고, 가끔은 먹을 갈아 붓글씨를 썼다. 아마도 종손으로서 한 달에도 몇 번씩 치렀던 제사의 지방, 마을 누군가가 부탁한 부조봉투며 이런저런 의식에 필요한 글씨들을 써 주기도 했었던 게 아닐까 짐작된다. 여하튼 언감

생심 평소는 금지구역이었던 그 방에 들면 맡아지는 고요한 낯설음에 괸, 그윽한 향기가 나는 좋았다. 화선지 빛 두루마기 떨쳐입고 고모부가 외출하고 안 계신 날의 빈 방에서 맡아지는 한지와 먹냄새, 혹은 일상의 땟기라곤 없는 그 사랑채에 고인 비밀한 적요가 나는 좋았다.

기억나는 일이 있다. 학교를 다녀온 어느 오후였다. 가지 휜 살구나무 그늘 아래 마을아이들이 모여 있는데 늦게 본 어린 손녀딸을 안고 계신 그 댁 할아버지가 그 아이들 중 나를 부르시더니 이르는 것이었다.

"앞으로 이 애기 좀 잘 데리고 놀고, 잘 가르쳐 줘라잉."

그 부탁은 어린 나에게도 참 황당하구나 싶었다. 골목에 땅거미 덮어내려 아이들 모두 돌아가도 유독 내 이름은 불러들이는 이가 없는 아이, 작년 재작년 그리고 올해도 어머니는 날 찾으러 오질 않는데…… 이리도 딱한 처지의 내게, 저게 무슨 말씀이람? 참 이상도 하구나! 싶었다.

농삿집에 얹혀살면서도 들일이라곤 해 본 적이 없는 어린 더부살이. 그 금 밖의 삶이 결국은 세상 한쪽에 외롭게 젖혀져, 쓰는 자로 살아가게 된 내 운명을 예고하는 징후였을까?

지금도 먹 냄새를 맡을라치면, 그 고요한 대낮 하얀 한지 창에 쉴 새 없이 사군자를 치던 대밭 그림자가 보인다. 아무도 없는 한낮 텅 빈 큰 집에서 듣던, 교향악처럼 밀려가고 밀려오던 대밭 바람소리가 들린다. 빈 집의 빈 방에 괸 서늘하고 정갈한 적요가 나를 불러가던, 아득한 날이 화안하게 다가온다.

줄줄이 밀립한 고층빌딩과, 속도 따라잡지 못한 채 채이고 밀려가는 어지럼증의 도시에 끼어서도 먹향만 맡아질라치면 우두망찰 아직도 내가 딱 정지상태가 되는 것이, 마음 기댈 데라곤 하나 없이 고립된 한 아이가, 무슨 마법인 듯 끌려갔던 그 특이한 현혹의 체험 때문이 아니라면, 혹여 나만 보면 매양 닮았다며 내 두상을 어루만지시던, 울 어머니 사모해 마지않으시던 얼굴도 모르는 한학자 외조부의 피내림? 그도 아니면 어느, 어느 전생이었을까? 묵향과의 뿌리 깊은 내 인연은.

눈부신 상처 반짝이는 귀향
— 김리영 시집 『푸른 콩 한 줌』

　만난 바로 그날 저녁 '사랑한다'고 말한 사내가 있었다. 그 말을 믿었다가 실소한 적이 있다. 그러니까 그 말은 나 말고도 한 스무 명쯤의 여자에게 벌써 하고 온 말임을 알게 되기까지, 그리 많은 시간이 필요하지도 않았다. 그 말에 대한 책임이 전혀 뒤따르질 않았으니까. 그리고 그 일 이후로 알게 된 것은, 그런 사람이 태반인 세상을 우리가 살고 있다는 사실이었다.

　김리영은 입이 없는 사람이다.
　85년의 봄 지금은 마로니에공원이라고 부르는, 대학로의 고색창연한 대 강의실에서 그를 처음 만난 이후, 시 창작수련을 마감 치고 그곳을 떠난, 그러니까 무려 4년 만에 함께해도 늘 창문을 닫아걸고 있던 그가 제 맘의 보따리를 내던지듯 내게 전화를 걸어 왔다. 그날 이후 서로가 어느 강을 흐르고 있든, 얼마나 다른 삶의 궤적을 그리든지 간에, 우리는 친구다.

쉽게 맘을 열지 못하는 사람은, 익다가 익다가 발효의 압력으로 뚜껑 스스로 젖혀질 때까지 입을 다물고 사는 사람은, 속도가 무기인 이 시대 세상살이에 거의 낙제생이지만, 그런 사람을 나는 믿는다. 그렇게 힘들게 열리는 바보의 입에서 나오는 말은 진실이니까. 또한 시는 그렇게 씌어져야 한다고 나는 생각한다.

남아메리카 땅을 침략한 유럽인들이 그리 쉬이 정복자가 된 것은, 원주민들을 짐승 잡듯 총칼로 도륙한 때문이지만, 원주민 인구가 그다지도 일시에 급감한 또 다른 이유는, 유럽인들을 따라 상륙한 유럽의 악성 전염병균 때문이었다고 한다. 태양과 별자리와 바람의 향방으로 삶을 운행해 오던 인디언들에게는 그것에 저항할 면역성이 전혀 없었던 탓이라고 했다.

김리영이 떠나 산 외국생활 8년은 예기치 못했던, 그녀 인생의 돌연한 오지여행이었던 것이다.

거짓말 번지듯

들판에 민들레 퍼져

밑동 잡아 힘주어 뽑아 올려도

뿌리는 자꾸 땅에 남았었지만

모두 샛노란 거짓말이었다고

흙을 털며

한 번쯤 자신을 드러내는 이 순간

―김리영, 「민들레, 거짓말」 중에서

저 무공해 인디언들처럼 면역력 따위 전혀 준비되어 있지 않았던 김리영에게 그 여행은 너무나도 황당한 배반의 경험이었으며, 모진 상처였으며, 넘어져도 스스로 몸 일으켜 걷지 않으면 안 되는 고독한 실존의 체험이었음을, 이 시집은 곳곳에서 고백하고 있다.

해 질 녘 멀리서 띠를 이루던 산안개가

순식간에 시내까지 밀려와

시야를 흐려 놓는 밤

자동차는 보이지 않고 불빛만 지나간다

붉은빛 푸른빛 알아볼 수 없는 길을

누구에게 이 안개 거두어 달라고 외칠 수도 없어

얼마나 두 팔 휘저으며 걸어왔는지

지금 이 시간

색소폰을 부는 사람,

불 꺼진 무대에서 독백을 하거나

혹은 나보다 훨씬 먼 길 가는 사람일지라도

이렇게 희디흰 안개

씻은 듯 걷혀질 날 기다려 봤을까?

내가 돌아올 길 모를까 봐

이 길의 끝에서 아직도 날 기다리고 있을까?

… (중략) …

벤 자리 또 벤 발목 끌고

앞을 향해 헤쳐 가면

… (하략) …

　　　　　　　　　　—김리영, 「애쉴랜드의 안개 2」에서

벤 발목 또다시 베면서도 그녀는 걸어가고 있다. 안개 강 허우적이며 시를 쓰고 있다. 그 강을 살아 건너게 하는 힘이 시인인 것이다. 왜 시가 시인에게 구원이 아니겠는가?

밭고랑 옆에 주저앉아

누가 캐어 갈 것 같지도 않은

엎어져 매 맞은 것처럼

쭈그러진 씀바귀

… (중략) …

씀바귀에게도 장대비 와서

아프게 적시며 삶을 가르쳐 주고 있다

—김리영, 「씀바귀, 삶」 부분

밭고랑에 주저앉은 쭈그러진 풀, 보잘것없고 쓰디쓴 씀바귀의 삶이 처연히 비를 맞을 때, 그러나 그것이 삶인 것이라고, 위로해 줄 아무도 없는 그 오지에서 홀연히, 아프게 그는 깨어난다.

그런 것이 아니던가. 존재가 오열이 터져 나오듯 통렬한 깨달음을 얻는 순간은, 무사하고 안녕한 시간 속에서가 아니고, 거대 집단으로부터 낙석처럼 떨어져 나와 길도 없는 황무지에 막막하게 주저앉아 비를 맞을 때, 하늘과 땅 사이에 절대 고독자가 되어 칠흑 넘어 광막한 하늘을 우러를 때에, 검은 해일 같은 절망을 넘어 존재의 우주성을 깨닫는다거나, 자신의 밑창에 내장되어 있던 본연, 흙에 맞닿아 있는 근원적 뿌리의 힘이 전신에 분노처럼 충전되어 오는 체험을 하게 된다.

> 오래곤 해안에서 돌아와
> 골드강 댐 옆 계단식 수로를 향해
> 몇 번씩 뛰어오르는 연어 떼를 보면
> 상처 입은 순간들이 아름답게 느껴진다
>
> 먼 길 돌아오느라 살갗 점점이 벗겨진 채
> 제 몸 드러낸 낮은 물에 이르러서도
> 돌 사이 헤쳐 가야 하는 연어의 상처를 보면
> 어디선지 상처 입은 사람의 그림자도
> 아름다워진다

제가 태어난 상류만을 향해 가고 또 가는 연어 떼

상처받지 않은 연어는 돌아오지 않는다

그들이 지나는 강가에 서서

갈대를 헤치고 숨죽이고 바라보는 그 아린 상처의 깊이

… (하략) …

—김리영, 「연어와 나」에서

  댐 수로 가에 서서 애써 뛰어오르며 미끄러지며 다시 뛰어오르는 연어를 보면서 상처 입은 시간은 아름답다, 고 김리영은 노래하고 있다. 상처받지 않은 연어는 돌아오지 않는다, 고도.

  상처는 그리움을 낳고, 상처는 저 눈만 겨우 뜬 치어가 달려 나갔던 수수만 킬로를 거슬러 상처에 상처를 덧입으며 목숨 걸고 역류해 오게 하는, 불가사의한 힘이 되고 있음을 김리영은 발견하고 있다.

  어느 세계든 매끄럽게 영입되고 안일에 쉽사리 길들여지는 사람은, 그리움의 불임환자이고 그리움을 사무치게 안아 보지 못했으므로 길 떠나지 않고, 힘들게 길 떠나지 않으므로, 상처입지 않는다. 그리하여 목적지에 이르러 상처투성이의 만삭 여한 없이 산란하며 전율하는 저 무화의 생의 극치를, 뜨거운 그 한순간이 영원인지를 짐작도 못한 채로 한 생을 지나가는 것이다.

　인터넷이며 핸드폰들이 다 먹어치워 그리움이 고갈된 이 시대, 누군가는 김리영의 현대적 언어감각과 감성적 이미지의 초기 시들의 느낌을 아쉬워할 수도 있겠으나, 단 1막으로 마감되는 단거리가 아니고 살아서 여러 막의 후생을 사는 마라톤이 인생이기로, 서울 중심에서 태어나 무용을 전공하고 강남에서 살았던 김리영과, 무려 8년 동안이나 저 아프리카 사막이나 히말라야의 강파른 고봉, 세상의 극지들을 체험하고 온 김리영은, 당연히 같을 수가 없는 것이라 생각한다. 이 구간의 김리영은 잘 직조된 비단옷 같은, 남에게 보여주기 위한 시 아닌, 화장 따위도 다 지운 제 안에서 밀어 터져 나오는 실존일기를 쓸 수밖에 없지 않겠는가. 시가 다소 서술적이 된 반면 거침없는 탄력을 획득한 것은, 그만큼 그의 언어가 진실해졌음이라 여겨진다.

　큰 바다로 나갔던 치어 한 마리 눈부신 상처 반짝이며 성어가 되어 돌아오고 있다. 미끄러지며 튀어 오르며.

(문학과 창작, 2006. 가을)

안영희 시인의 산문집 슬픔이 익다

초판 1쇄 발행 | 2020년 6월 15일

지은이 | 안영희
발행인 | 장문정
발행처 | 문예바다
       등록번호 | 105-03-77241
       주소 | 서울 중구 삼일대로 4길, 9(라이온스빌딩) 1204호
       전화 02-744-2208
       메일 qmyes@naver.com

ⓒ 안영희, 2020. Printed in Seoul, Korea
ISBN 979-11-6115-096-3

* 이 책의 판권은 지은이와 출판사에 있습니다.
  책값은 뒷면에 있습니다.
  양측의 서면 동의 없는 무단복제를 금합니다.